SOSを出しつづけて

―私の体験的教師論

吉益敏文

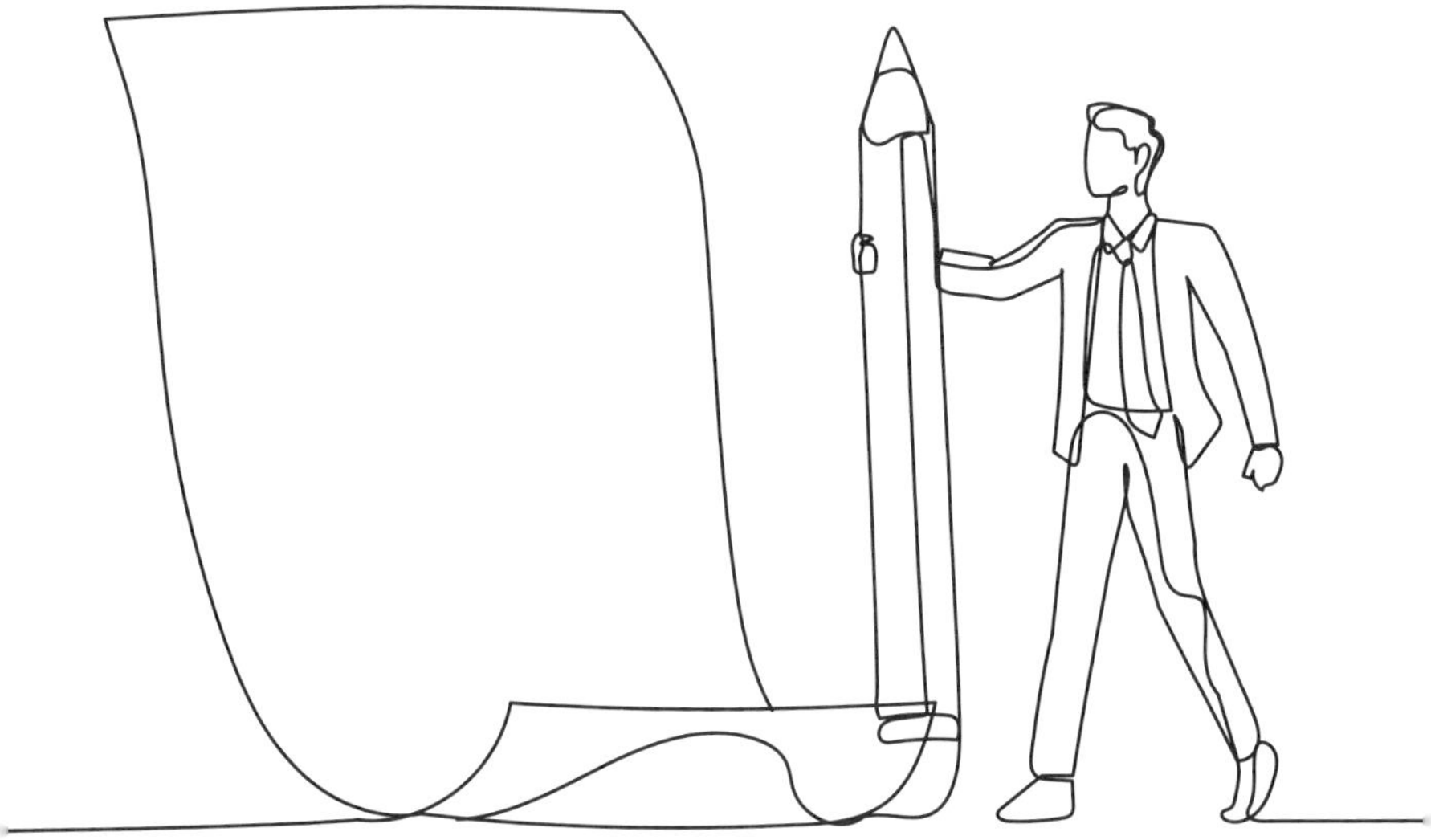

清風堂書店

はじめに

大学の卒業式が終わり謝恩会の席で、担当教官から、

「就職はどちらに？」と聞かれた時、

「まだ、決まっていません。小学校の教師になろうと思っています」

参加していた同級生は新調した背広と美しい着物姿でキラキラしていました。皆四月からの新しい就職先のことを語っていましたから、普段着で就職先も決まっていない不安そうな私の言葉に担当教官は驚きと不思議そうな表情をされていました。五十年前の出来事でした。


大学で心理学を専攻した私は教員免許も取り、教師になろうと漠然と思っていました。その時は中学校の社会科教師の免許しかなかったので、全国の採用試験を受けたのですがすべて不合格でした。当時は中学校社会科教師は倍率も高くなかなか採用されなかったので、通信教育を受けて小学校教師の免許を取り採用されるというのがひとつの形でした。けれど、私は小学校教師の採用試験も落ち続けて、四年間臨時講師をしていました。

採用試験になかなか受からないので、「自分は教師に向いているのか、可能性があるのか」何度も何度も考えていました。

やっと教師に正式に採用されても、仕事がうまくいかず、「教師をやめよう、つらい」と何度も思いました。三十八年間の小学校教師を終え、大学で教員採用にかかわる仕事についても、「本当に自分は教師に向いていたのか」という気持ちを持ち続けています。今でも過去に仕事にいきづまった夢を多くみます。けれども矛盾しているようですが、「小学校の教師になってよかった」と言えることも事実なのです。

本書は「教師になりたい、でも教師には向いてないのでは？」と問い続け「助けてほしい、ＳＯＳです」と発し続けた私の体験的教師論です。そこで学んだこと考えたことをまとめてみました。

第1章は教師になりたいと思った小学校教師の思い出と講師時代の体験。突然の担任交替にどう対処したのか、そこでの子どもたちとの奇跡のような再会を書いています。

第2章はそれぞれの時代で「自分は教師に向いているのか」「教師の仕事とはいったい何なのか」何度も考えたことをいくつかの雑誌に書いた論文をまとめています。

第3章は私の授業論、学級づくり、学校論についての記録やエピソードで紹介しています。

第4章は「不当な人事」攻撃に対してどのように立ち向かっていったか、多くの方の支援で戦い、そこで学んだ記録です。

第5章は「学級崩壊」現象に遭遇し、迷い苦しみながら多くの方の励ましで切り抜けた体験記です。

第6章は教育科学研究会という民間の研究団体に所属して学んだこと、サークル活動の状況、読書体験や映画鑑賞の紹介です。

第7章は私自身の大きな理論的な支えとなった教育学者、勝田守一研究の論文から勝田氏の思想についてまとめてみました。

それぞれ初出の論文から若干の修正加筆をしています。ただ当時の雰囲気、時代背景もあるのでほぼ原文のまま再録しています。重複している箇所や現代からするとやや気負いや不適切な表現もあるかもしれませんがご容赦下さい。

今の学校現場は教員の数が圧倒的に足りません、「ブラック企業だ」「長時間労働で大変だ」という状況です。若い人たちの教員希望が減少しているという厳しい現実もあります。奈良教育大学附属小学校の最近の事例も見過ごすことができません。私が遭遇した事例と共通しているところもあります。

そうした中で私は、ずっとＳＯＳを出し続けて教師の仕事を続けてきたように思います。「自分は教師に向いていたのか」と悩み問い続けながら仕事をしてきました。その過程で「教師になってよかった」「たくさんの人と出会い学べた」と思うようにもなりました。

今、現場で奮闘されている方々は私の体験してきたこと以上の苦悩を抱えながら仕事をされていることと思います。私のひとりよがりな回想かもしれません。けれど今こそ発信しなければと思いました。

私は本書をまとめながら自分自身を振り返り、可能な限りこれからも与えられた持ち場で歩んでいこうと思っています。本書が少しでも何らかの参考になればうれしいです。

（文中の子どもたちの名前はすべて仮名です）

目　次

はじめに……3
第1章　やっと教師になれたのに……12
1．アオギリ事件？（私の一、二年生の思い出）――12
2．突然の「担任交代」の講師経験――16
3．四十年ぶりの再会――25
第2章　教師とは何か？　何度も問いながら……27
1．教師の苦悩と生きがい――27
2．教師の指導力について
「指導力不足」教員攻撃とかかわって――48
3．教職員の多忙化に拍車をかける少人数授業――57

4．モラルとユーモア
学校の中で本音を語り合い、笑いを共有する――66
5．失敗から学び続ける教師に――73
6．大学生と語り合う教師論　学生と教師について共に考える――77
第3章　授業で　学級づくりで　学校づくりで　それぞれの風景……103
1．子どもたちの詩や作文をゆっくり読み合いながら――104
2．一枚文集を書き、読み合うことを無理なく続けて――108
3．文学教育の楽しさ『夕鶴』の実践――123
4．やさしく深く見る眼を　子どもにつけたい学力とは――139
5．学校づくりの中で――146
（1）入学する一年生へ　小学校入学を前にして　146
（2）担任発表の緊張　150
（3）新しい教科書をみてみると　153
（4）読み聞かせは至福の時間　156
（5）沈黙の職員会議　159

（6）学校アンケートの泣き笑い　162
（7）若い先生の涙　166
第4章　「不当人事」攻撃の嵐の中で……170
1．共に学ぶ教育講演会――172
2．教師にあるまじき論文なのか？――180
3．先生　スイミーの目になって――私たちは勝利した――196
第5章　「学級崩壊」現象の体験から……224
1．教師を続けられるのか
「今、教師を続けるということ」――226
2．一人で悩まないで、思いを語り聞いてもらって――244
3．「学級崩壊」子どもの心・父母の心・教師の心――259
第6章　サークルから学ぶ……271
1．教科研との出会い　教科研は僕の学校――274

2．毎月の例会で　受けとめる――――――――――278
3．読書や映画　漫画の世界から（通信のあゆみ）――――289
読書と私――過去や未来を想像する楽しみ　289
書評1　子ども、青年をどう見るのか
田中孝彦『子育ての思想』　293
書評2　学校で希望を生み出すとは
山﨑隆夫『希望を生みだす教室』　296
書評3　戦争責任に向き合う教育の思想とは
佐藤広美『戦後教育学と戦争体験：戦後教育思想史研究のために』　300
書評4　加藤義信『アンリ・ワロン　その生涯と発達思想：
21世紀のいま「発達のグランドセオリー」を再考する』　304
書評5　作品の世界に自分の日常を照らしあわせて
重松清『ビタミンF』　307
書評6　主人公以外の人物に人間の内面？を描いた横山漫画の世界
――鉄人28号を何度も読み返して考えた雑感――　311
映画評論　『蝉しぐれ』監督：黒土三男（日本、2005年）東宝映画

人間としての気高さを示した成長物語　316

第7章　勝田守一の教育思想から学ぶ……320

1．人間発達援助職としての教師論の考察——321

2．生活綴方を実践する教師の「まじめさ」に関する考察——348

終わりに……355

第1章 やっと教師になれたのに

なぜ自分が小学校教師になったのか。振り返ってみて明確な答えはありませんが、小学校一、二年生の担任だったH先生の影響が大きかったのではないかと思います、H先生はとっても優しくて私は大好きでした。そのやさしかったH先生にものすごく叱られたある事件がありました。

❶ アオギリ事件？（私の一、二年生の思い出）

小学校に入学した頃の私は、今でいう「いじめられっ子」の典型でした。すぐ泣くし、運動は何をやっても下手くそ、給食も、先生にそばに来てもらわないと食べられませんでした。クラスの子どもたちに強く言われると、すぐ涙ぐみ、そのたびにH先生が飛んでこられました。

「吉益君はおとなしいから、そんなに強く言ってはいけません。もっとゆっくり話しなさい」

それでようやく私が泣き止むという感じでした。H先生は、そんなふうに何回も何回も周りの子どもに話しかけていました。私はH先生が大好きでした。

そのH先生に、私は二年生の時に、ものすごく叱られたことがありました。

理科の勉強で、冬の植物を探してくるという宿題が出たのです。私は友達の大田君と夜おそくまで探しまわりました。そして高さ数メートルもあるアオギリを探し当てたのです。とりあえず木をナタで切って、その日は、H先生に預けました。

次の日、みんなの前で先生にほめてもらえるとワクワクしながら学校に行きました。職員朝の会で学校のアオギリが切られたと思ったH先生は、私の顔を見たとたん火の出るような声で怒り始めたのでした。

「吉益君、なんてことをしたんですか！　これは学校のアオギリの木でしょう。たいへんなことをしてしまったんですよ。今から職員室に行って、先生方にあやまってきなさい」

私は何がなんだかわからないまま、ただ涙が止まりませんでした。大好きなH先生になんでこんなに怒られなければならないのか。「学校の木を切った」という意味がわからなかったのです。言われるままに先生に連れられて、職員室に行きました。そこでは多くの先生の見ている前で叱られたのですから。今でもその場面は私の頭の中に焼き付いています。でも。私はその時にどうしても「ごめんなさい」とは言いませんでした。自分のしたことと、先生の怒ってる意味が納得いかなかったのです。

しばらくしてH先生は、学校のアオギリを切ったという場所に連れていってくれました。でもそこは私が切った場所とは違っていました。私が切った場所は、学校のアオギリから少し離れた空き地だったのです。まちがいに気付いたH先生は、何度も何度も「ごめんね、吉益君」と、私にあやまられました。

それ以来H先生は、私に会うたびに「あの時はごめんね。今も心が痛みます」と言われます。

私は、あの時の、怒ったH先生の顔を今でも覚えています。もちろん、いつも私のことをかばってくれたH先生の顔も。それ以上に、私にあやまったH先生の真剣な顔を決して忘れることはありません。

H先生とは今でも年賀状のやりとりが続いています。そして「吉益君、どんな時も、子どもの心の痛みのわかる先生になって下さい」と励ましのメッセージを送って下さいます。

今、私はH先生のような教師になりたいと思っています。

でも、どういうわけか、私は、アオギリ以外の植物の名前はなかなか覚えられないのです。

【初出】拙文「ごめんね、吉益君」『子ども、親、教師すてきなハーモニー』1995年、かもがわ出版、48-50頁

※H先生には結婚式にも出席していただきました。現在九十歳になられていますが毎年、水墨画の個展をされているのでお会いしています。そのたびにアオギリ事件？のことを話して笑っています。

H先生のような子どもの心の痛みがわかるような教師になりたい。そう思って教員採用試験を受けることにしました。最初は中学校の社会科教師、通信教育で小学校教員の免許を取って採用試験を受けました。当時、一九七〇年代は小学校がどんどん増設されたので多くの人が採用されました。しかし、私は実に数十回試験にすべり（全国各地を受けましたから）四年間、非常勤の教師を続けました。そこで年度途中の六年生を担任しました。著名なベテランのB先生が不当に担任をおろされ私がその後釜？につくという異常な採用でした。

❷ 突然の「担任交代」の講師経験

何も知らないで学校に行くとB先生を担任からおろした校長を支持する教師、そのことに反対する教師と学校が二つに分かれ複雑な人間関係が交錯していました。子どもたちも屈折した思いをしていて最終学年という中でゆれていました。さいわいB先生とはサークル活動で親しくさせていただいたのでいろいろとお話ができました。ただ講師という立場上、表面的にはB先生と対立しているようにして、校長の指示に従って動く人間ということで、職場ではB先生とは仲良くしないようにすることが要求され、神経を使いました。そこで学んだことがある意味、教師という仕事をする原点になっています。

九回二死満塁でリリーフに立った時のようで神経がすり減りました。緊張している子どもたちと最初の出会いの時の場面は今でも記憶に残っています。

とにかく子どもたちと仲良くなり、子どもたちをよく知ることだと思い、私の名前と私の小学校時代を紹介しました。ついでに小さい時の写真を見せて小学校の時の私の詩も読みました。

「おみくじをひいた時の大吉の吉、お金をもうけた時の利益の益、そこで何事をするにもすばやい敏感の敏で吉益敏文（よしますとしふみ）という名前がつきました」と自己紹介しました。「しかし、実際は『としふみ』に、てんてんをうって、『どじふみ』と呼ばれていました」

緊張していた子どもたちの顔に少し笑いが生まれました。

野球　　　　　よします　としふみ

学校で　野球をした。
バットを思いっきりふると
くるくるまわり　からぶりした。
「カーン」
とうつとファールだった。
みんなから「三しん王」といわれた。
うえだくんのように
ホームランがうってみたい。

こんなふうにして、私のことを話し、子どもたちのことも話してもらいました。少し子どもたちの緊張がとれたようでした。さいわい、このクラスの子どもたちは何事も積極的で学校の中でも中心的な存在にいました。
私は彼らのエネルギーを教室で発展させる一つとして学級クラブを作ることにしました。クラスの中で気の合うものどうしがそれぞれの趣味や特技に応じてクラブと称して集まりました。人数が集まり代表が決まると終わりの会で発表して後ろの黒板にはっておきました。つりクラブ、ＵＦＯクラブ、鉄道クラブ、手芸クラブ、ソフトボールクラブなどができました。つりクラブは、つり新聞というのを作り、つり情報やさおのことなどを紹介していました。ＵＦＯクラブはＵＦＯについて調べたことを新聞にしてはりだしていました。鉄道クラブの活動を一つ紹介します。

はじめての活動　Ｓ

10月17日　日曜日　鉄道クラブ（学級）のはじめての活動を行った。活動といっても、梅小路蒸気機関車館に遊びに行っただけだ。
ぼくは9時30分に家を出て沢良木公園に行った。まだ一人もきていなかったが少したつとMがきた。ぼくは、ブランコにのりながら、（Mちゃん、きょう　だいじょうぶかなあー）と考えている所に、Aくんがきた。それからKくん、Tくん、Wくん、Oくんと次々きたがYくんがなかなかこない。…　10時すぎにきた。

高槻から京都に快速で行ったが、『白鳥』とならんで、みんなワーワーいっていた。京都から歩いて梅小路まで行った。梅小路で、まず第一展示館に入り、HOゲージの模型を見た。次に第二展示館にはいった。ここは実物の蒸気機関車がおいてあった。最後に第三展示館に入り、ここでは、ヘッドマークを見た。

それから　また　あっちこっちを見ているうちに12時になったので弁当を食べた。それから売店で缶ジュースや写真キーホルダーなどをみんなで買った。そのあと第二展示館に　蒸気機関車を動かすのを見にいった。

「ボォー」とおそろしく大きな音をだしてD51が走りだした。この機関車は、何でも主要幹線で活やくされたそうだ。機関車を見たあと、梅小路を出た。これがほんとうの『さらば蒸気機関車』だ。

京都駅までできた時、Qくんたちが、京都タワーにのぼっていったので（何だろう?）と思って僕たちもついていくと屋上で、ヨーヨー大会をやっていた。僕とYくんとMちゃんは家に4時ごろ帰ると連らくしてあるので、みんなより先に帰った。帰りの電車の中で、（ちょっと無責任だったかなあ）とちょっぴり反省した。

このS君というのは鉄道クラブの代表で、登場してくるK君『日曜日のこと』T君『日記』という形で同じことを作文に書いていました。彼らはなかなか、こりしょうで、写真をいっぱい、写してきては学校にもってきて、みんなに紹介していました。日頃も機械いじりが大好きで、Y君は鉄道関係の本をいつも読んでいました。N君はラジオ作りが好きで、いつか電子びっくり箱というのを作ってもってきてくれました。

『電子びっくり箱』を作った時のこと　N

ぼくは、この前『最新エレクトロニクス製作読本』という本にのっていた『電子びっくり箱』というのを作りました。これはトランスで高電圧（百ボルト以上）を出させ、それを人間の体に流すのです。

はじめ、西武から、トランジスタートランスコンデンサー、抵抗、電池などを買ってきました。はじめにプリント板に配線をして電池につなぎ、リード線をさわってみました。するとピリッピリッと感じてびっくりしました（だから電子びっくり箱）。全部ハンダづけをして、ハンダごてを下におきました。それからケースにハトメを打つあなをあけている時です。

〝あっ〟というまもなく、またラジオ作りの時のようにやけどをしてしまいました。

「いたたたたっ」とは言ったもののなんとか完成してもういちど

ピリピリ　ヒリヒリ（ヒリヒリはやけど）うれしいやらかなしいやら何ともいえない気持ちで

した。このびっくり箱をY君にためしてみると
「きしょくええなあ」
と言ってT君にためすと　こわくてさわりもしませんでした。（勇気のある人　この電子びっくり箱にふれて下さい。）

みんなでさわってみて、手にピリピリくるものだから、キャーキャーいったものでした。

学級のクラブの活動は学校でやることもあれば、外で広がりをもつこともあります。いずれにせよ、子どもたちの一つの文化、として励ましてあげました。こういう時、教師である私の方が、子どもたちから刺激を受けることが非常に多いです。学校では学級会の時間にクラブの発表をしたり、お楽しみ会で発表してもらいました。

私は子どもたちが書いた文を読み合い、語り合う時間ということで、作文の時間を週一時間とっていました。三〜四人の子どもたちの作文を二〜三枚の文集にしてじっくり読み合いました。そんな時間は、時には、しんみり、時には爆笑するのでした。子どもたちが生活の中で取り組んでいることを積極的に励ましのばす場として大切にしていました。

その子どもたちが二十歳の時、最初の同窓会をしました。そこでのひとこまです。

つらくなると思い出す言葉

子どもであれ、大人であれ、人間を大事にするということは、一人ひとりのよさも欠点も、まるごと認めるということではないでしょうか。

十数年ぶりに同窓会をした時のことです。六年生を二学期から持った子どもたちとの再会です。

しばらく歓談したあと、近況を報告することになりました。

「今、二浪しています。今年こそはと思っています」

「私、この前、結婚しました。みんなのなかでは一番早いんじゃないかな」

「僕は大学に入りました。毎日、バイトにあけくれています」

一人ひとりがしゃべるたびに、笑いやどよめきが起こりました。

みんな言い終わったあと、幹事の杉岡君が発言しました。

「最後に吉益先生に話してもらいます。その前に大事なことを言います。本当はここに出席するはずだった川野さんのことです。知っている人もいると思うけど、一浪して大学に入って、その報告をおばあちゃんにするために田舎に帰る途中、交通事故に遭い亡くなりました。お父さんもお母さんも川野さんもいっぺんに…」

一瞬にして、静かになりました。私は、何かしゃべらなくてはと思いました。

「この前、杉岡君たちから、悲しい知らせを聞きました。川野さんは、とてもやさしくて、みんなから好かれていました。とっても残念です」

私は、それだけ言うのが精一杯でした。

私が、川野さんたち六年生を受け持った頃は、臨時教員でした。教員採用試験になかなか合格しなくて、何をやっても失敗ばかり、私自身が将来に不安をいっぱい持っていた時でした。子どもたちには、黒板に書いた字の汚さに、「川野の字、見習いや」と、よく冷やかされたものでした。

私は、みんなの前で、川野さんが卒業の時に書いてくれたメッセージを少し読みました。

……吉益先生、卒業までのわずかの間、本当にお世話になりました。先生はよく失敗したけど、私はとっても心に残っています。吉益先生は卒業式のとき大泣きしました。私が病気のときはいつも家に訪ねにきてくれました。もし、先生を続けるなら、どんなときでも一人ひとりを大切にする先生でいてください。それと、ちょっと生意気だけど字を練習して、うまくなってくださいね。

私が読み終わって、みんなの方を見ると、泣いていました。私は続けて話しました。

「相変わらず字はヘタなんだけど、川野さんが言ってくれたことをいつまでも忘れないで頑張ります。みんなに会えてうれしかった。きょうは本当にありがとう。みんなも元気で」

そう最後にお礼を言って、教え子たちと別れました。

私はつらくなったり悲しくなったりすると、いつも川野さんが言ってくれた言葉を思い出します。それは、人間を大切にする教育、一人ひとりのよさを認め、まちがいや欠点を励ましていくことの大切さです。

自分自身の不十分さを認め、子どもたちの前で謙虚であること。そうして、子どもたちや、お父さん、お母さんからエネルギーをもらって、自分自身が人間として高まっていく――このごろ私が思っていることです。

あせらず、あわてず、ぼちぼちと、これからも歩んでいきたいと考えています。


【初出】『子ども、親、教師、すてきなハーモニー』１９９５年、かもがわ出版、１５９-１６１頁

③ 四十年ぶりの再会

それから四十年たった二〇一六年七月、六年四組の仲間たちと再会することができました。彼らや彼女らはもう五十代、社会の最前線で活躍中です。

文中に書いた川野さんは交通事故で帰らぬ人となりました。彼女の私に送ってくれたメッセージは再会した子どもたちが私に話してくれたことと重なっています。

四十年ぶりの再会を演出してくれた「川野の字、見習いや」といつも私を励ましてくれたS君も帰らぬ人となりました。

川野さんやS君に再び会うことはできませんが、四十年ぶりの再会ができた出来事を私自身の大事な宝物にしたいと思います。その場にB先生も参加され四十年前の出来事を子どもたちに語られました。

「担任を理不尽にも外された時、寝られない日々が続きました。ただ自分の教育理念や気負いがさきばしり、みなさんに迷惑をかけました。申し訳ないです」。幹事のK君が、「先生、四十年前のことですよ。こうして再会できたことが嬉しいです」と語ってくれました。

二人の担任と子どもたち、この再会は奇跡のような出来事だと思っています。

初心を大事にしなければ、Ｈ先生のような教師になりたい、Ｂ先生のように困難な事態にあっても屈しない教師になりたいと思いました。けれども正式採用された私は鼻もちならぬとがった教師として歩んでいきました。まさに失敗の連続でした。自分自身の教師像についていくつか考えた論文を紹介します。

第2章 教師とは何か？ 何度も問いながら

❶ 教師の苦悩と生きがい

教師としての苦悩、それは私だけでなく、今を生きるすべての教師（老若男女を問わず）の抱える問題だと思うのです。上からの管理・統制、職場のなかでのストレス、子どもたち・父母との摩擦などによって、一生懸命やっていてもうまくいかない場合が少なくないからです。

気使いのなかで、けなげに生きる子どもたちをどうとらえ、複雑な父母の教育要求にどうこたえていくのか、避けて通ることのできない問題だと思うのです。

この小論は、私自身の実践を振り返りながら、何に悩み、何にこだわり、毎日の仕事を続けようとしているのか、そのなかで何を自分の生きがいとして見いだしているのか、自問自答のような形になりますが、まとめてみたいと思います。

死亡した教え子のメッセージ

学生時代に心理学を専攻した私は、漠然とした形ですが、教師になりたいと思うようになりました。しかし、その思いとは逆に、数十回、採用試験を受けるのですがなかなか合格せず、正式採用されるまで四年かかりました。講師時代に六年生を二学期から担任した時のことです。

若かったということもあるのですが、何もわからなかった私は、先輩の先生に教えてもらうままに、とにかく子どもたちに作文や詩をひたすら書かせていました。そして子どもたちが欠席すると、家をたずねるということを続けていたように思います。

クラスの学級委員をしていた川野さんは当時の私に、卒業の時の言葉として、「……とにかく先生は失敗ばかりでした。でも私たちが病気の時は、いつも家に訪ねてきてくれました。もし、先生を続けるなら、どんな時でも一人ひとりを大切にする先生でいて下さいね。……」とのべてくれました。

私は彼女のメッセージを大切な宝物として自分の教師の指針にしようと思いました。

十数年ぶりに同窓会が開かれることになり、彼女に会ったらそのお礼を言おうと思っていたのですが、川野さんは交通事故で帰らぬ人となっていました。

あんたとは握手しない

正式採用になってからはガムシャラに子どもたちとぶつかっていたように思います。

運動会といえばメガホンをもって、

「頑張れ!!　妥協するな。やる気あるのか」と、いつも叱咤激励ばかりしていました。

その時受けもっていた六年生の子どもたちと私の間にみぞができるのを、私は日に日に感じていました。

「君らは六年で最高学年だから見本になれ」

「全校の先頭になってやりきれ」

私が演説?すればするほど、子どもたちとはなれていくようでした。

当時、私のクラスに西田君という子がいて、家出、万引き、他校間暴力と、毎日のように問題を起こしていました。

私は、彼のことでふりまわされているようで、知らず知らずのうちに、まわりの人たちの私に対する視線を気にするようになりました。クラスでもめごとが起こらないように、何か言われないようにと思うようになりました。

西田君とは話しこむことが多いのですが、まわりの子どもたちに対しては、「クラスの仲間として西田をどうするか」と問うばかりで、十分な心配りができていなかったのだと思います。

卒業式の日、西田君とは泣きながら別れたのに、松長君とは握手もできないまま別れました。

その時は、照れているのかなと思っていたのですが、その後、彼と道で会っても私と絶対に視線をあわせないのです。時にはにらみつけるようにして私を見るのでした。私は、はじめは、彼の態度がよく理解できなかったのですが、しばらくしてある一つの事件を思いだしました。

それは休み時間に非常ベルを鳴らして遊んでいた松長君をみつけ、私がきびしくしかったあと、本人があやまっているのに、わざわざ職員室にひっぱりだして、そのなかで、またあやまるように問いつめたのです。非常ベルを鳴らしたことはよくないことですが、だからといって、教職員全体の前であやまらせるというのは、みせしめ以外の何ものでもなかったと思うのです。周囲の目に対する私のあせりです。西田君については考えろというのに、松長君に対しては一方的に詰問するという私の姿勢に、松長君は握手拒否という態度で意思表示をしたのでした。

映画のシーンのような別れはなぜ？

それ以来、私は高学年の子どもたちとのかかわりに自信をなくし、口では一人ひとりを大切にと言っているものの、なんと横柄な態度で子どもたちのプライドや気持ちをふみにじっていたのかと、自分がいやになりました。でも、また高学年を担当することになりました。

その時のクラスにも圭司君という、自分の思いが通らないと暴力的になる子がいて四苦八苦の毎日だったのです。ただ私自身の子どもたちに接する態度としては、以前のように「ねばならない」というだけで迫るのでなく、できないことはできないと正直に子どもたちに話して、その上でともにやろうじゃないかという構えで接するということにしました。

ちょうど卒業式当日、坂田さんというクラスの人気者が、お父さんの仕事の都合で九州に引っ越すことになりました。

私は卒業式が終わったら、できるだけ見送りをしようと、子どもたちに言いました。はじめは照れていた男子も、京都駅のプラットホームに、ブザーが鳴り終わると同時ぐらいに全員が集まり、みんなで見送るというまるで映画のシーンを見ているような感じでした。

卒業式という同じ場面でなぜ、こうも両極端な現象が起こるのか、私なりに考えたことがありました。

それは「ねばならない」というある種の強迫観念のようなもので、子どもたちにも自分自身をも追いつめるような形で、まわりを気にしながら行動している時は、たとえそれがまちがっていなくても、お互いの内面を理解したり共感を深めるということにはならないのではないかと。

自分の弱さや失敗を素直に語ることは、教師と子どもの関係（あるいは親と子の関係においても）をゆがめたり、ねじれさせたりするものではないということを。

少し肩の力をぬくというか、大げさに言うと人間として接するというか、そんなことが大事なのかと思うようになりました。

宝くじに当たらないか

少し気が楽になり、気負わずに子どもたちと接しようと思ってクラス替えのあった四年生を受けもった時のことです。

二十六人から四十人に人数が増えたこともあったのですが、毎日、けんかやもめごとが起こるという大変なクラスでした。

朝、学校に行くと誰かが泣いている、けがをしている、靴かくしがある、落書きがしてある……、何かが起こるのです。現実の前にまた私の思いはグラグラしてきました。

春の遠足の時です。ちょっと歩くと、

「疲れた。しんどい……」

と言って水筒の水を全部飲んでしまい、自動販売機を見ると、

「先生、おごってなぁ」

とワメキまくるので、

「もうちょっとで休憩や。ガンバって」と言うと、

「もう、あかん」

と言って、すわりこんで通りがかりの車をヒッチハイクでとめようとしだします。

それでも歩きだしたと思ったら、私が前任校でお世話になったお母さんに会ったので挨拶をしていると、急に私の前にきて、

「あの人、先生のこれか（恋人か）？」

終わりの会などでは、いつもふてくされて、

「ゴメン、ごめん!!」

と言うので、

「ごめん、ごめんと安売りみたいに言うな」と私が言うと、

「ごめんは、お金では買えませ〜ん」

ああ言えばこう言うで、私は疲れがなかなかとれませんでした。朝は、なかなか起きられなくて、学校に行くと胃が痛くなってきました。不謹慎にも、宝くじを買って当たったら、家のローンを全部払って教師をやめたい、と思うこともしばしばありました。

職場の仲間や研究会で、このことを話すと少なくない人が教師をやめたいと考えたことがあると言われ、私はホッとしたものでした。

木の葉ふぶきで笑顔を

確かに子どもたちの言動や行動をみていると否定的な面がたくさんあります。

表面上、私たち大人が想像もつかないことがたくさんあります。ある時は直球でうったえたかと思うと、ある時は変化球ばかりでぶつかってきたりと多様です。けれども、よくみてみると、子どもたちの痛いほどの気使いもみえてきます。

朝の自習時間のことでした。静かに学習していなかったので、私は教室に入るなりどなりちらしました。その日は何かにつけ子どもたちの一挙一動が気になって、怒りまくっていました。

体育が終わって倉庫に道具をしまっていると、数人の女の子が寄ってきて、

「先生、今、きげんいいか？」

と聞くのです。そう言われると私は、

「ま、普通かな……」

と答えると、子どもたちは、

「先生、花ふぶきないけど、木の葉ふぶきやで」

と言って拾ってきた木の葉をいっぱい私にかけました。私も一緒になって木の葉のかけあいをしました。すると子どもたちは、

「あ～。先生、今日はじめて笑ったね。もうすぐ給食ですよ」

と言って教室に帰っていきました。子どもたちなりに私に気を使ってくれているのでした。


ウルサイ!!のうらがわは？

いつも、きげんが悪くなると、

「ウルサィんじゃ、だまれ!!」

と、すごみをきかす真理さんが、こんな日記を書いてきました。

連休に、おばあちゃんが来てくれた。とてもうれしかった。おとうとのまさきは、ものすごくうれしそうだった。

本当は天神さんに行こうと思っていたけど弟がおきてしまった。なぜ弟がおきたらだめかは、すぐに目をはなすとにげるから、わたしもさいしょのうちはよかったけど、しんどくなってくる。おばあちゃんは足が不自由で、わたしがささえてあげている。

弟がねているうちにいっておまいりをした。なんていったかというと、

「お母さんが元気な赤ちゃんをうみますようにお願いします」

と言った。（略）

おばあちゃんが帰る時、見送りをして、すごくかなしかったです。だけど、おばあちゃんは、

「また、あそびにくるからね。お母さんのいうことをよく聞いて、手つだいをいっぱいしてね」

と言ったのがいまでもすごく心にのこっています。家に入ると、泣いたけど、あくびみたいにしていました。


この日記を読み合って、真理さんのお母さんや、おばあちゃんに対する心くばりが少しわかりました。ふだんは乱暴な言葉を言うけれど、さびしがりやな一面があるのです。一回の日記を読んだからといって、子どもたちの人間関係がすぐまとまるということはない

のですが、お互いを知りあう第一歩にはなると思うのです。

ぶっきらぼうな言い方や、腹の立つふるまいをする子どもたちと、じっくり話をすれば、ちょっとずつ心と心がつながっていくように感じました。

やっぱりやめとくわ

中・高学年にかぎらず低学年の子どもたちも、まわりに気を使っています。

一年生を担任した時のことです。入学したばかりだから、なんでも元気に発言したり、しゃべったりするのかなと思っていたのですが、名前を呼んでも、とても小さい声でしか返事ができないのです。

はじめての授業参観の時です。国語の「し」という字を学習しました。

いくつか、「ことばあつめ」をしました。

「いのしし、しか、しまうま……」

子どもたちは、はりきって発言しました。

元気な一也君が手をあげました。私は（おしっこのしとでも言うのかな？）と思って指名すると、

「しにがはちのし、です」

と言いました。とたんに他の子の手のあがりが少なくなりました。次の子に指名すると、

「やっぱり、やめとくわ」

と言って発言しないのです。一年生といえども、ある種、発言の方向を感じていて、一也君の言ったようなことを言わなければと思うと、その結果を予想して発言しなくなるのです。


しばらく書く練習をしました。そして、また、「ことばあつめ」をすると一也君が、

「ししじゅうろくのし」

と言うのです。一也君のように言うのは、おかしくはないのですが、私は、その場はとまどいました。一也君はノートのマルをみて、

「ハナマルとちがうから八十五点か？」と、すごく結果を気にするのです。


一也君も含めてですが、他の子どもたちもテレビの「クレヨンしんちゃん」のまねごとで、

「おら、わからないのだ」

「おじょうず、おじょうず」

と言う時は、大きな声が出るのに、自分の言葉で話す時は不安で、大きな声をあまり出さないようなのです。

子ども時代を思いだして

でも、子どもたちのあとさきを考えずにひたむきに取り組む姿勢や、何でもやってみようというバイタリティに、私たち自身が励まされたり、うれしくなったりすることがあるはずです。多くはありませんが、もちろん個人差があり、そのあらわれ方は異なりますが。

運動会の感激を一年生の中井君は、次のように書いてきました。


はしりのとき、二とうになって五てんのカードをもらって、よかった。

だからいえにかえって、おちゃをのんで、つかれをとってから、また、はしるのをれんしゅうしました。

また、はしりたくなって、あといっしゅうはしりました。

でも、もっとはしりたくて、またまたはしりたくて、もっとはしりました。

ひゃっかい、はしりそうになりました。だから、またまたはしりました。だから、つかれたので、いっかいやすみました。だから、またはしりました。だから、かわらこうえんへいってまたはしりました。

また十しゅうはしりました。（略）

大人なら絶対しないことですが、中井君はうれしくて、うれしくて、その気持ちを行動にあらわしているのです。

そんな行動をみていると、まぶしくなってきます。私たちにみせる子どもたちのいろいろな信号は、九割以上、否定的な状況かもしれませんが、残りの一割、それより少ないかもしれませんが、そこにみせる子どもたちの笑顔やしぐさをみて、また元気になるのではないでしょうか。

子どもたちのことでわからなくなったら、自分の子ども時代を思いだして目の前の子どもたちをみると、自分にないすばらしさが見えてきます。もちろん課題や欠点もより客観的にわかってきます。

はじめから一人前の親（教師）はいない

教師になりたての頃の私は、自分の考えにあわない父母に対して徹底して論破する、説き伏せるという感じで話していました。

納得より説得という言い方です。生活リズムの確立を学校で取り組んでいた頃、運動が苦手な子の親に、

「朝食は紅茶など飲まさないで、牛乳をしっかり飲んでカルシウムをつけて下さい」

などと、一方的に事情も聞かずに言うという傲慢な態度そのものでした。

日曜日の朝のことでした。朝の五時頃に電話がかかってきました。

「先生、おるか。息子がいいひんにゃ。警察に行って調べてくれ!!」

一夫君のお母さんからです。時々、酒が入ると、朝夜をとわず電話をかけてこられるのです。私は意味がよくわからないので、

「お母さん、どういうことですか？ 一夫君、いつから家にいないんですか」

と聞くと、お母さんは、

「うるさいな!! 一夫がいないから探してくれとたのんでるんや。あんたはそれでも一夫の先生か。給料ドロボウ!!」

と言って電話をガチャンときられました。

私はとりあえず警察に電話してみると、一夫君がいたので、そこに行って事情を聞いてみました。一夫君の話では、お父さんが出張の時、勉強のことで口論となり、お母さんが酒に酔ったので、こわくなってウロウロしているところを警察に保護されたということらしいのです。

しばらくして一夫君をつれて家に帰ると、お母さんが泣きながら、

「先生、すいません。ついカッとなって」

と何度も何度もあやまられました。

その後、お母さんは体調を崩され、入院されました。一夫君はお父さんと協力して妹を保育所につれていくなど一生懸命でした。私が病院にお母さんのお見舞いに行くと、一夫君はお母さんのベッドにもぐりこんで寝ていました。私がお母さんに、

「一夫君、学校で落ち着いてきましたよ。勉強も頑張ってますよ。早くよくなって下さい」

と言うと、

「ええ、先生、少しずつ一夫が変わってきているのがよくわかります。私も一夫に負けんように変わらんとだめなんですけど、すいませんね」

と、おだやかに言われました。

わが子によくなってほしいという思いから時として激しい言い方になる時もありますが、それはわらにもすがりたい思いなんだなあということがわかってきました。一夫君の話を六人の娘をもつお母さんにしてみると、

「はじめから一人前の親なんかいないと思います。私も子どもを育てて少しずつ一人前の親にしてもらっていると思ってます」

と言われました。

親も教師もそうだなあと、三年生の一夫君とお母さんをみていてあらためて思いました。

一通のお母さんの手紙から

学期の途中で、突然、転校してきた保子さんに出会ったのは、三年生の時でした。お父さんが山男で、ハンググライダーに乗っておられて山に激突して即死。お母さんの実家にきていたのでした。

保子さんは、なかなか悲しさからたちなおれないのか、本は好きでいつも読んでいるのですが、クラスの子どもたちとは、ほとんど遊ばず、泣いてばかりいました。

家庭訪問の時にお母さんにそのことを話すとお母さんは、

「前はそんなことなかったんですけど……。でも、あの子はきっと元気になると思います」

そう言って一通の手紙をわたして下さいました。それは保子さんにというより、お母さん自身の生き方ともいうべき手紙でした。

お母さんにおことわりして学級通信にのせて読みました。

保子へ。

あなたは、お父さんとお母さんが福島県の郡山で暮らしていた時さずかりました。

京都の病院であなたを生んで、桐生のおじいちゃんの運転で郡山に戻る間中、お父さんはベビーキャリアのなかにいるあなたをキャリアごと抱きしめて、

「僕の子どもだ。僕の子どもだ」

と、とってもうれしそうにしていたのが、きのうのことのように目にうかびます。

保子の保は、お父さんの保男の保をもらってつけました。

いまはもう、お父さんもいないけど、どれほど保子を愛していたか、あなたもおぼえているはずです。

お父さんの名前も血もあなたのなかに生きています。お父さんの優しさ、大きさを忘れないで、お父さんのように誰にでも優しい気持ちで接しられる人になってほしいと願っています。

保子さんは目に涙をいっぱいためて聞いていました。彼女はお母さんの言われたとおり、少しずつ自信をとりもどしていき、元気になってきました。

必死に生きているお父さん、お母さんから謙虚に学ぶこと、学ばされたひとこまでした。

先生、スイミーの目になって

子どもたち・父母・教師の人間的なつながりを困難にしているもの、もうひとつの側面として、多忙化、新学力観路線ともいうべき教育の管理・統制があげられます。

指導要領について意見を述べると、私などは公務員にあるまじき言動ということで、研究会の司会に会議で確認されていても、案内状の文書には名前が印刷されないという人権を無視したようなことが、いやがらせ的に強行されています。かつて本誌『教育』(1)に私が拙文を書いた時、保守系議員が議会で質問し、一部の団体が意見書を出し、教育行政が不当な配転を強行しようとした事態が起こりました。

「教育行政は公平・中立に」という声が市民的に起こり、私は理不尽な配転はされないですみました。その時、父母からいただいた手紙が今も記憶にのこっています。

「……先生、スイミーの目になって下さい。私たちは赤い魚になります。そして子どもたちのために、頑張りましょう」

権力的にどんなに高圧的な力で従わせようとしても、父母一人ひとりの、子どもたちにかしこく、やさしく、たくましくなってほしいという願いと、それを大切にしようとする教師との関係をたちきることはできないのです。またそこにこそ、思想・信条のちがいをこえて、教育を守るあつい人垣をつくる基礎があると思うのです。

すぐに解決できなくても、おかしいこと、まちがったことに対して、はっきりと意見を言い、市民的世論的な声にしていくというのは、教育運動の大事な視点です。その際、結論をおしつけず、多様な意見と対話していくことが情勢を切り開いていくと思います。

苦悩から歓喜へ

教師を多忙化のもとに管理・統制を強めようとする動きはやむことがありません。

確かにこの外的な圧力もストレスであったり苦悩の原因でもありますが、一番、教師であることがつらくなったり、自信がなくなる時というのは、子どもたちとの関係、父母との意思疎通がうまくいかなくなった時、その苦悩が一番深くなる時ではないでしょうか。私たちの仕事は、理想をもちながらも現実はなかなかうまくいかないことが多く、失敗や後悔の連続のように思います。

しかし、そのなかでも私たちが元気になったり前を向いていけたりする源泉は、子どもたちのうれしそうな笑顔、よろこんでいる顔にあった時、子どもたちのいちずさや好奇心・発達の豊かさを、ある日ある時の場面で発見した時、またそのことを父母とともに共有できたり、悲しみに共感できたりした時に、エネルギーがわいてくるのではないでしょうか。

私自身の今までの教師生活のなかで、こだわってきたものを振り返ってみると、それは子どもたちの作文や詩、父母のひとことなどで、どんな時でも感想文に書いてもらって、それを読み合っていました。そして、そこからエネルギーをもらうというか励まされていました。

京都教科研代表の野中一也教授は、「苦悩から歓喜へ」という言葉をよく引用されます。苦悩をみつめ、それをよろこびに転化させる、そのためには苦悩から逃げないということなのかもしれません。悩みすぎたり思いつめると、落ち込んでしまいます。しかし、苦悩の根源となるものは、同時に生きがいの素になると思うのです。

苦悩を苦悩で終わらせないで、バネとして生きるためには、生きがいとまでは言えないかもしれないけど、子どもたちとよろこびを共有する（具体的には授業のなかで、行事の創造のなかで）、父母と悩みをともに考える（教育制度の検討・教育条件の整備、教育を考えるあつい人の輪をつくる）、この二つのなかに展望があるのではないでしょうか。

確かにうまくいかないことの方が多いのですが、苦悩をみつめ、ある種の楽天性をもって少しずつ人間として成長していきたいと考えています。

どんなに困難な時代になっても、常に子どもをどうとらえていくのかという原点を大切にして、子どもたちのちょっとしたしぐさや表情のなかにある思い、父母の言葉の奥にある願いが何であるかということを、ていねいに読みとっていきたいと思います。

あせらずに、あわてずに、ぼちぼちと、しかし、したたかに……。

【注】（1）「父母とともに学ぶ教育講演会」1991年『教育』8月号。
【初出】『教育』1996年1月号、教育科学研究会

2 教師の指導力について「指導力不足」教員攻撃とかかわって

「二〇〇二年から学校はどんなにかわるのでしょう」

「学校五日制になったら、わが子の学力は大丈夫ですか」

「総合的な時間は教科書を使わないようだけど、いったいどんなことをするのでしょう」

　教育懇談会を開くと、どの場所でもいっぱい疑問が出てもりあがります。そして次に出てくるのが、

「やっぱり、先生の力が大きいし、先生次第ですね、学校は」

　確かに教師の力は大事なのですが、その言葉の裏に、学校が五日制になるのだから、教師はしっかり指導力を鍛えて子どもたちを伸ばしてほしい。こんな願いがこめられているのではないでしょうか。こうした父母の純粋な期待とは別の次元で、今の教育の問題はすべて教師にあるのだから、教師の指導力を伸ばさなければならない、指導力のない教師はやめてもらうべきだ。という論調も存在しています。国会で「指導が不適切な教員」問題の法案が短期日の間に強行成立してから、マスコミの報道も一層拍車がかかってきました。冷静に教師の力量、指導力というものを正面から議論しにくい状況が起こっています。

では、いったい教師の指導力とは何なのか、自分の体験も振り返りながら考えてみたいと思います。

教師の指導力・力量はどんな所でつちかわれるのか

一般的に考えて教師の指導力が完全についたといえる時があるのでしょうか。まさに教師をやめる瞬間まで指導力をつける努力をしつづける、教師の仕事とはそういうものです。教師の免許を持っているからといって指導力があるとは誰も思わないし、経験を積む（年月がたてば指導力が自動的につくとはいえませんが）、具体的には、子どもたち、父母、教職員のそれぞれの関わりの中で教師として成長するし、その過程で指導力をつけていくというのが本来の姿です。きわめて指導力というのは相対的なものですから、ある意味では教師である限り誰もがいつでも指導力不足であるし、だからこそ教師をやめるまで研鑽をつむ必要があるのです。

教育とは人間の可能性を追求するもので、すぐに成果が出るものではありません。教科の学習、生活指導、子どもたちの自治活動の援助、進路の相談など、教師の仕事は多岐にわたっています。子どもたちとの関係でも、自分ではうまくいっていると思っても客観的にみるとそうでない場合もあります。自信過剰になってもいけないし、自信喪失になってもだめだということです。その上であらゆる面での指導力をつける追求をするという視点が大事だと思います。ただ、だからといって、子どもたちの前で一切の弱みを見せない指導者として振る舞う必要があるといっているのではありません。教師の仕事は、人間と人間のつながり、関わりの中でなりたつものですから。あくまで、「指導力不足教員」攻撃にどう対処するかという観点でとらえて下さい。

思い出に残る教師とは

学校とは本来、様々な子どもたちがいて、タイプの異なる教師がいる所です。効率のみを求める「特色ある学校づくり」でなく、一人ひとりを大切にする学校づくりこそ大切にすべきです。自分自身の学校生活を振り返ってみて思い出に残る教師とはどんな人なのか考えてみました。中学時代にお世話になった先生が亡くなられ追悼礼拝に友人と参加した時のことです。帰りがけに、友人がふと、話しかけてきました。

「なあ、あの先生、なんか、心に残ってないか、俺はいつも怒られてばっかりやったけど、憎めないなあ。今の俺の生き方とは違うけど忘れられないな」

二人で、しばらくの間、昔を思い出しながらその「謎」について語り合いました。自由ノートと名づけて毎日クラスで順番に自分の思いを書いて先生に渡す。すると、いっぱい赤ペンで返事が書いてあって、それを読むのがとても楽しみだったこと、クラスレクレーションで日曜日に一緒にハイキングに行ったこと、文化祭の劇に一緒に出演してくれたこと、国語の授業の語りなどがよみがえってきました。私も友人以上によく怒られ迷惑をかけていたのですが、やはり強烈に印象に残っています。そして私の思い出と友人の記憶も交錯する所が多いのです。

高校の時はある講師の先生です。最後の授業の時に自身の青春時代を語って下さり、正確には覚えていないのですが、なぜ、教師を志したのかという思いと、「夢を持つことを大切にして下さい」と言って英作文の授業を終わられたことを今でも覚えています。その話に感動して私は先生の家まで訪ねていきました。英語が苦手だった私に、「よく頑張ったね」と言ってもらったことが、とてもうれしくて当時の日記に書き綴っていました。

小学校の先生では、私のことを、まちがってみんなの前で叱責されそのことを悔んで今でも手紙を下さる一、二年の先生を忘れたことがありません。魅力的な教師とは何なのか、授業がうまい、一人ひとりの力をうまくひきだしてくれる、これらのことは前提にはなりますが、自分の体験からまとめてみると印象に残っている多くの場面は自分の言葉で語り掛けてくれたある種の雑談や授業の脱線などが記憶に残っています。いいことも悪いことも。その教師の人間性に魅力があるかないかという点にかかっているように思います。子ども時代も大人になっても、自分が教師という仕事についてもその思いは変わることがありません。

最近、授業の中で雑談をしたり、子どもと話し合ったりすると週案どおりの授業をしてない、ということで「指導」したり批判する傾向が一部にありますが人間と人間が作り出す授業の本質を一面的にとらえたものにほかならないと思います。もちろんいきあたりばったりの無計画な授業を肯定するものではないし、週案そのものを否定するものではありません。人によって思い出に残る教師の基準というものは違うし多様だとは思いますが、一人の教師の体験からくる自分の言葉の語りかけは場面は違っても印象に残る普遍的なものがあるし、教育の大切な営みだと思います。

教師生活を振り返りながら（自分の体験から）

自分の教師生活の中で心に残る思い出のいくつかを振り返ってみたいと思います。私の場合は小学校ですからその範囲は限られています。ですが、小学校のどの学年を持ったとしても、子どもたちや父母に信頼されたいし、精一杯頑張りたい気持ちはどんな場合でも同じです。何よりも子どもたちに元気に楽しんで学校にきてほしいと思います。しかし、同じように取り組んでいてもどちらかというと、うまくいかない場合のほうが多いのも事実です。そんな時は、朝なかなか起きられなくなったり、学校に行く頃になると胃が痛くなったり、不謹慎にも宝くじが当たったたら家のローンを全部はらって教師をやめたいと思ったことは一度や二度ではありません。それでも子どもたちの授業の中で見せる表情、発言、子どもたちからかけてもらった一言、父母からの連絡帳や手紙に書いていただいた励ましの一筆で、「ああ、まだ頑張ろう」と考えるのです（もちろん、その逆の場合もあって自信をなくすことがたびたびありました）。

初めて卒業生を送り出した時、自分のほうが感激して涙があふれて何も話せなかったこと、私の感情的な態度から、卒業の時に「あなたとは握手できません」といったまなざしで別れなければならなかったこと、卒業という一コマに子どもたちは様々な表情を示しますし、それまでの自分の仕事をかなりシビアに評価してくれます。けれど、卒業というある種の限定された状況ですから、表面だけではなかなかわからないことがあります。

転勤してもったその当時のクラスは女子の仲がなかなかうまくいかず、私も自分なりに気を使えば使うほど子どもたちとの溝が深まり大変な毎日でした。それでも卒業式の日には女子の何人かから「先生無理しないで、先生らしさを大切にして元気でやって下さい。ありがとう（要旨）」という手紙をもらった時はそれなりに気持ちが通じたのかなあと思ったりしたものでした。自分なりに満足して終わった学年でしたが、あとで風のうわさで耳に入ってきた話ですが、次の年に持った学年で（年度当初に担任が決まると地域では様々に前評判というものがそれこそ縦横無尽に語られるようですが）私の場合は「最悪の教師に当たったなあ」というのが地域の評判だったそうです。ちょうど、新学期の担任発表の時、たまたま校長がクラスをまちがえたのですが、はじめに報告した時、その先生がとても人気のある方だったので体育館は割れるばかりの歓声があがりました。しばらくしてまちがいをただして私の名前を発表すると、さっきとはうってかわって何も反応がないばかりか明らかに落胆の声がいくつかありました。すべてとはいえませんが、こうした「地域の声」の反映も影響していたのかもしれません。最もこの学年はパートナーとなった方はよく知っている人で人望があつく大変勉強になったし、子どもたちや父母からたくさんのことを学んだ年でした。卒業式のあとで、一人ひとりにメッセージを語った後、その学年が終わると教職員組合の仕事に就くことが決まっていたので、そのことを初めて子どもたちにも父母にも話して別れました。

教師の仕事を一時的にひとりよがりで満足してはいけないと改めて思います。繰り返しになりますが、自分ではよくできたと思っていても批判的にみられることもあるし、逆にうまくいってない時でも支持されることがあるということです。自分の仕事を舞いあがらずに、落ち込まずに常に相対的というか両面から見る努力をすることだと思います。

教職員組合の仕事の中から

教職員組合の仕事で最近多いのが、健康面も含めて教師を続けていけるだろうか、子どもたちとうまくいかないという悩みや不安からくる相談です。定年まで元気に働きたい、少なくとも自分が納得するまで教師の仕事を続けたいとほとんどの人が思っています。けれども最近の人事異動方針をみてみると本人の異動希望を聞くものなのに、「指導力不足」教員問題をリンクするという許しがたいものになっています。体の調子の悪い人には心配するというより「無理」に休むことを勧める動きがあったり、一生懸命取り組んでいても子どもたちとの関係が少しうまくいかなくなると「指導力不足」教員というレッテルをはるような動きが錯綜しています。

極端にいうと前者は、「再起不能」という烙印をおすようなものであり、後者は教師としての喜びや誇りをズタズタに引き裂くものといっても過言ではありません。まさに「指導力不足」教員問題というのは一種のリストラ攻撃といえるものです。アメとムチで、いかにして合法的に教師をやめさせていくのかというのが本質的なネライのようなものです。

学校づくり、職場づくりの中でこそ

今という時代は仮に一つの学校でそれなりに仕事ができたと思っても職場がかわったと

たんに「学級崩壊」という事態になることがあります。したがって経験を積んだからといって、過去の自分の「貯金」だけに頼っていると、すぐ破産するというか、常に学びつづける姿勢を持つことが大切です。職場の中でいえば、若い人の力に謙虚に学び、若い人から頼られる教師になるには子どもに向かって歩む、父母とともに子どもを育てる、その中で自分も成長しつづける視点を持つことが求められています。誰でもが弱点をもちながら精一杯仕事をする中で連帯していく。様々な子ども、教師すべてが人間として大事にされる職場、学校づくりの中で「指導力不足」教員攻撃に本格的に立ち向かっていくことができます。

教師の生きがいとは何なのか、それは、どんなに困難な時でも、子どもの笑顔であり、父母の支え、仲間の援助を肌で感じる時です。校長を中心の学校づくりという点からみても学校長が信頼され指導力を発揮するということは、立場や信条の異なる教職員の力をどうひきだすかということです。決して恫喝やおどしでは校長も教職員も指導力は伸びません。管理や統制を強めて「ものをいわない教師づくり」をしても、みせかけの従順さや処世術の会得にほかなりません。子どもや父母に対して権威だけ振りかざしても心の底からの信頼は生まれないし、本当の意味の指導力の向上にはつながらないのです。それは教師という立場でも校長という立場でも同じはずです。

私は現在の立場上、人の話を聞き相談に乗る場合が多いのですが、自分が現場に戻った時、人にあれこれいうようにできるのかなあ、仕事がしっかりできるのかなあ（あれもしたい、これもしたいと願望はいくつかあるのですが）という不安のほうが増大しています。最近、時々、夢にみるのは「学級崩壊」や父母の批判でやりだまにあがっている場面ばかりですから。

とりあえず、今与えられているポジションで自分なりに精一杯仕事をする中で次の展望が見えてくるのでは、と考えている今日この頃です。（乙訓教職員組合書記長）

【初出】『京都民教連通信70』２００２年１月20日

3 教職員の多忙化に拍車をかける少人数授業

期待と不安をもって実施された学校五日制、四月から学校の様子はどうでしょうか。現象面だけ見ても、朝の職員朝礼打ち合わせがなくなり、朝学習から、時間数確保といわれて教職員はすぐに教室に行くようになりました。土曜日が休みですが月曜から金曜の時間が濃縮されて、同じ学年の人たちと話す間もないくらいあわただしい、土曜日も出勤しないと仕事がこなせない、ただでさえ四～五月は提出物が多いのに今年はそれ以上に書類提出が多い、「特色ある学校づくり」のために、例えば計画してまだ実施していないのに成果と問題点をまとめて報告しなければならない、子どもたちと話すよりパソコンの前にすわっている時間が多い、時間数が足りなくなるからと行事をどんどん削って家庭訪問などもなくしていく傾向、五時間目、六時間目が終わってからの家庭訪問で時間が遅くなるのに、また学校にもどって書類提出に忙殺される……目がまわるような忙しさです。

昨年より平均して一時間から二時間ほど教職員の帰宅時間が遅れています。持ち帰り仕事も同じくらい増えています。その日のうちに家に帰れない人もいます。「誰が過労死になってもおかしくない」という実態がどこの職場でも語られています。

子どもたちにとっても、授業時間の確保ということで毎日の授業が増えているので放課後の時間が少なくなり、疲れきっているという状態です。土曜日は寝ているか、ゲームにあけくれる。学習塾に行く人が増えた感じがするといわれています。

学校訪問のなかで

私は教職員組合の仕事上、それぞれの学校長と挨拶まわりなどで対話する機会があるのですが、そこで語られる学校長の言葉のなかにも五日制の矛盾がいくつかあります。

まず、五日制になって休みがとれないこと、「特色ある学校づくり」ということで土曜日などの学校開放について競争を強いられる悩みと、その計画化と関連して、「指導力不足教員問題」「指導力不足管理職」という「評価」に不安があることが共通して語られます。もちろんさまざまなタイプの管理職がおり立場も異なるので、限られた時間のなかで断定はできませんが、学校五日制にとまどいがあるのは事実です。

さまざまな制約があるなかで、学校長の立場からすると一人ひとりの教職員の力をどう引き出していくのか、私たちの側からすると校長の裁量権をどう見いだすのかというところに、五日制にともなう多忙化を解決していく糸口があるように思います。

こうしたいくつかの要因があるなかで、矛盾の焦点になっている少人数授業の実態について論述します。

少人数授業とは

三十人学級（少人数学級）にしてほしい、クラスの人数を減らして教職員の人数を増やしてほしいというのは長年の教育運動の願いです。その要求を一定程度反映しているのですが、財源がないということで文科省は少人数授業というスタイルを導入してきました。

それは基礎になる学級を二クラスから三クラスに分け（三から四の場合もある）、生活集団と学習集団をバラバラに分け、さらに教科を限定して（小学校の場合は算数、国語、中学は数学、英語、理科などに限られている）授業をするのです。

四十人近いクラスでも、もともと二十五人のクラスでも細分化すると、基礎となるクラスの人間関係ができてない状態なので、その授業に参加することで、子どもによっては、自分の担任に教えてもらえないことで不安になるし、場合によっては登校しぶりになり、多大なストレスを抱えることになります。特にクラス替えがあった学年などは不安が一層増大します。

教職員にとっても、わかるまでていねいに教えようと思っても、授業の進み具合をそろえないと他のクラスに迷惑がかかるし、その打ち合わせを最優先するので学年会などが最後になり、休み時間が一切とれないという事態が進行しています。それぞれの教師の個性に応じて雑談や授業の工夫をするということが困難になっています。

時間割では少人数授業が最優先されるために、日によっては朝の挨拶をしたら給食の時間までクラスの子どもたちと顔を合わさないという事態が起こります。運動場もガラガラの状態とすしづめ状態が交錯しています。体育の授業ものびのびとできない。しかも少人数授業の教室が優先されるので、体育の着替えを廊下のすみでしなければならないといった状態です。

こうした限定した時間とクラス分けのために、本来の小さい集団で学ぶ良さがなくなって、授業が成立する前提条件としての人間関係や集団としての規律が確立されないまま進行しています。

少人数学級という本来の願いの実現が変化して、安上がりの教育政策の結果から生まれた少人数授業は、子どもたちのストレスと教職員の多忙化に拍車をかけ、さらに教職員評価のしかけを裏に抱えながら進行しています。そして、この四月からは文科省の少人数授業のねらいの根幹ともいえる習熟度別のクラス分けが現れてきました。

少人数授業と習熟度別クラスについて

少人数授業のクラスの分けかたは、はじめは名簿順など一定の配慮のもとに分けていたのですが、二〇〇二年四月になってからは、習熟度別授業に分けるべきだという「圧力」が教育委員会や官製研究会では合言葉のようになってきました。しかし、表向きの教育委員会の答弁は、

①少人数授業は、少ない人数なので学習効果もあがるし子どもたちにも好評である、

②子どもたち自らがクラスを選ぶので習熟度別クラス（ぐんぐんコース、のびのびコース、じっくりコースなどの名前をつけている）ではない、

③教科は学習効果があがるまで固定してやるべきである、

④生活集団と学習集団とはきりはなして考えるのが前提、などのことが語られ、父母向きの少人数授業の説明会では絶賛して父母の不満は何もない、というのが定番の報告です。四月からのわずか三カ月ですが、実際はどうでしょうか。

低学年の子どもたちは、自分の机と違うところにすわることに対する不満、誰に自分の机にすわられるかという不安、なぜ、担任の先生以外の人に教えてもらわないといけないのか、という素朴な疑問をもっています。高学年になると、「自由に発言できない」「担任の先生と違うので、わかるまで最後まで教えてもらえない」などの声があがっています。中学生になると友達関係から、すわる机がない、少人数授業になると授業エスケープが増えて教室が荒れるという事態が起きています。

ぐんぐんコース、じっくりコースという名前がついても、試験の結果でクラスをふり分けられているし、自分の力以上のクラスには行かないでおこうという自己防衛が、初めから選択の基準になっているのです。教育基本法が存在するなかで、おおっぴらに習熟度別クラスに分けると公言できないのですが、実際には自らが選ぶという美辞麗句で選別しています。習熟度別にふり分けるように、陰に陽に「圧力」をかけているのてす。父母の側からしても、わが子の学力は本当につくのだろうかという不安や、参観日に行って担任以外の先生の習熟度別授業を見ても具体的な相談ができないあせりがあります。

矛盾があるなかでも、なんとか子どもたちに力をつけようと工夫しても、習熟度別の指導案を書かないと認めない、指導主事訪問などでは、その主旨にそわないと何回も書き直しをさせる。そのために膨大な時間が使われ、教職員のやる気や意欲をそぐ形になっています。

子どもたちの学力と発達について

子どもたち自らが少人数のクラスを選ぶというのは、言葉はきれいですが、まさに新自由主義に基づく教育政策の一環で、「子ども自ら」という言葉で選別しているにすぎません。

義務教育の段階では、習熟度という同質の集団でなく異質の集団のなかでこそ伸びるのです。学力面では、例えば国語の授業でいえば、豊かな文学体験ができるし、自己認識や他者認識もつちかわれていくのです。子どもどうしの教え－教えられるという関係が学習する集団として不可欠です。子どもたちの発達という側面からみても、習熟度別に生活集団を、バラして学習集団をつくっても安心して自分を出せる、子どもどうしの関係、教師と子どもの関係が成立しません。豊かな発達を保障することはできません。また、学習効果という面からみても、諸外国の先行経験で結果が明らかになっています。

学校づくりとの関連のなかで

すべての授業で少人数授業ができる。すなわち少人数学級の実現こそが、根本的な問題を解決する方向です。いろいろな制約のなかで全て解決できませんから、限られたなかで、子どもたちにどんな力をつけていくのか、教職員の多忙化を増やさないという二つの視点で吟味していく工夫が学校づくりと関連して取り組まれています。

(1) 単元ごとの少人数授業を工夫する。
教科や教材の特性を考慮して実施する。評価については教職員の合意を大切にする。

(2) 到達目標をある程度限定して（子どもとの合意がいるが、算数の九九がいえるなど）、クラスの実態にあわせて実施する。

(3) 少人数加配教員と学年集団の打ち合わせの時間、内容を検討する。
可能であれば、学年会の時間に子どもの実態を語りながら授業計画を検討する。

涙ぐましい努力がされています。教育基本法第十条は、教育行政の仕事として教育条件の整備をすることを明記しています（一九四七年施行の旧法、二〇〇六年に改正）。教育内容に関する「干渉」をなくし、仕事量を増やさないことが大切な視点ではないでしょうか。

終わりに

乙訓では、二〇〇二年二月に木下学君（当時十五歳）という少年が私立高校受験の前日に自ら命を断つという悲しい出来事がありました。またここ数年、三人の教職員の現職死亡があり、年度途中での退職も数名あります。

私たちは、それぞれの立場の違いを超えて、二度とこうした悲劇が起こらないよう、今、何をなすべきか、真剣に模索しています。それは一人ひとりを大切にする教育、一人ひとりに学ぶ楽しさと学ぶ力をつけていく教育であり、一人ひとりの悩みや苦しみにていねいに耳を傾けることが必要です。そのための努力をどんなに条件が劣悪でも続けようと思っています。教職員にとっては働きがいのある学校、職場づくりをするということです。

学校五日制は、学校にゆとりと空間をつくることが本来の目的でした。それを阻害するものに対しては共同の要求で押し返していくことが重要だと思います。つくられた多忙、強いられた多忙の根本的な解決を念頭において。

【参考資料】
木下秀美編『不登校自殺：そのとき親は、学校は――。：長男の命を守れなかった父親の手記』2002年、かもがわ出版
京都教職員組合『学力をつけるために』1991年

【初出】『人間と教育』2002年35号、旬報社

4 モラルとユーモア 学校の中で本音を語り合い、笑いを共有する

放課後の職員室。私が教員になった頃、いたるところで、誰かの話し声が聞こえ、時に笑い声があちらこちらであふれていました。子どもたちの話題、面白かったこと、ハラがたったこと、時には泣きながら話す人がいて、それはそれはにぎやかなものでした。

今の職員室の風景、静かです。あまり人の声が聞こえません。パソコンの音だけが聞こえてきます。

「職員室では私語は禁止」などとうそぶく管理職がいるという話を聞きました。自分の悩みや、子どもや保護者との対応についていろいろ話すと、評価されるから、困ったことは、必要最低限なことだけしか話さないようになりました。あまり本音を語らないという風潮が学校現場に起こっているように思います。

職員室の中の笑い

学校アンケートがどこの学校でも実施されています。名前は学校評価とされていますが、担任評価アンケートそのものです。

私が担任していた鈴木君、あまり友達と遊ばず、一人でいることの多い少年です。クラス遊びなどで仲間の働きかけや、私も一緒に遊んで、学級の輪の中にはいってくるようになりました。少し心配気味のお母さんが、今度は喜んで下さるかなと思って、記入された学校アンケートをみていると、

――先生は一人ひとりを大事にしているかどうか――という質問に対して、「全く思いません」というところに〇がしてありました。

個人懇談の前だったので、ショックというか何かわりきれないものがあったので、私は大きな声で、

「あーあ、これから学校アンケートの担任評価、いつも厳しく書かれているお母さんと懇談や、これからボロクソに言われてきます」

と言うと、若い先生たちが、下を向いてクスクス笑っていました。

「何かおかしい？」と聞くと、

「そんなん、吉益さん、私なんか電話でしょっちゅう親から言われてます。気にせんと頑張って下さい」

お互いに顔をみあわせて笑いました。

生活指導の研究会で

若くて、子どもたちに人気のある男性教師の二宮さん（仮名）が高学年の女子の指導をめぐっての悩みを、職場の生活指導の研究会で報告されました。なかなか、ふみこんで言い切れず、女子との関係がうまくいかないことを正直に語られました。ベテランの生活指導部長の上田さんが、

「男の教師は女の子にきらわれんとこと思って遠慮して、ますます関係が悪くなる。自分も経験があるけど、うまくいかない恋愛関係と一緒で、気を使いすぎたらあかん、ズバッと、思いを伝えんと」

爆笑でした。少し暗かった二宮さんにも笑顔が生まれました。

「やってみます。きらわれることを恐れずはっきり言います」

「ころあいが大事やで、無理したらあかん、さじかげんやで」

また笑いが起こりました。私は自分のうまくいかないことを正直に話した二宮さんにも、上田さんにも感心しました。

重い話でしたが、何か楽しい研究会でした。

授業の中で

三年生で詩の学習をした時のことです。比喩を教える導入として、まど・みちおさんの短詩をいくつか紹介しました。
はじめに「がいらいごじてん」を紹介します。

ファッション　＝はっくしょん
ア　ラ　モード　＝あら　どうも
ミニ　スカート　＝目に　すかっと
パンタロン　＝ぱあだろう
ネグリジェ　＝ねぐるしいぜ

このあたりまで読むと子どもたちの笑い声が大きくなります。

ダイヤモンド　＝だれのもんだ
ペンダント　＝へんなんだ
マニキュア　＝まぬけや

メニュー　　　＝目に　いう
ア　ラ　カルト　＝あら　かって
コロッケ　　　＝まっくろっけ
ホット　ドッグ　＝おっとどっこい

ピックルス　　＝びっくり酢
バウム　クーヘン＝どうも　くえへん
マロン　グラッセ＝まるう　おまっせ
クロッカス　　＝ぼろっかす
トイレ　　　　＝はいれ
トランポリン　＝しらんぷり
ボクシング　　＝ぼく　しんど
トラクター　　＝とられたあ

子どもたちは笑いこけています。一〇〇歳になる、まど・みちおさんはことばの魔術師です。次に、まどさんの短詩をいくつか読み上げます。

ノミ
　あらわれる　ゆくえふめいに　なるために
ケムシ
　さんぱつは　きらい

「もっと読んで」と要求してきます。みんなで短詩を作ってみようとよびかけます。自分たちで作った詩の題名をあてていきます。
すがたをみせながら　消えてゆく
なんでしょうか。答えはろうそくです。
天気予報の中の有名人
題は雪です。
こんなふうに読んでいくと、子どもたちの気持ちにぴったりあうと、笑いと歓声が起こります。
子どもたちの詩や作文を読み合う時も楽しいひとときです。

学校の中に笑いとユーモアを

校長が一人発言して、誰も意見を言わない沈黙の職員会議、指導主事がきて、どんな教科でも子どもたちの姿勢がくずれず、静かに聞いていると、授業規律が確立されていると称賛する研究授業、意見を言う代わりに、やたら付箋をはりまくって、ひたすらメモをとる授業研究会、何かおかしい事態が横行しているように思います。まちがいや失敗が自由に語られ、話し合えるところに笑いが生まれます。

効率や早さだけを求めていてはゆとりが生まれません。緊張の中にはユーモアも生まれません。

今、担任している三年生、話を聞かない子どもに、

「とんちん　かんちん　一休さんですよ」

と言うと

「一休さんて何？」

少しわがままな子どもに、

「いじわる　こがらし　とうがらしはやめましょう」

と言うと

「私　とうがらしとちがうもん」

高学年の子どもたちに言うと笑っていたことが、三年生には通じません。時に泣き出してしまったり。私のユーモアの感覚はまだまだです。

【初出】『ひろば・京都の教育』２０１２年　１７１号、京都教育センター

5 失敗から学び続ける教師に
――子どもと共に成長することを――

失敗ばかりしてたけど

ある事情で年度途中から、初めて担任した六年生、卒業の時に川野さんがこんな手紙をくれました。

「卒業式の時に大泣きした吉益先生、先生はよく失敗ばかりしていたけど、学校を休んだ時はよく訪ねてくれました。文集をよく発行してくれました。もし先生を続けるなら、このことを続けて一人ひとりを大切にする教師でいて下さい」。採用試験になかなか受からず悶々として臨時教員をしていた時の頃でした。数年ぶりの同窓会で彼女に会えることを楽しみにしていたら交通事故で帰らぬ人となっていました。以来、彼女の私にくれたメッセージは自分の教師としてのひとつの信条となりました。

あんたとは握手できない

やっと正式採用になり、数年たって六年生を受け持った卒業式の時のことです。式が終わり、一人ひとりと握手しながら別れをしていると、すうーと私を避けるようにして去っていった松長君がいました。その時はよくわからなかったのですが、しばらくしてあることを思いだしました。それは卒業前で落ち着かなかった私のクラスがいくつか問題行動を起こしていました。そのたびに職員会議や生活指導部会で話し合っていたのですが、たまたま非常ベルを触って警報が鳴ってしまった松長君に対して、私は本人を注意しただけでなく、みせしめのように職員室の教職員の前であやまるように強要したのでした。それは本人の思いを無視して周りの教職員の目を意識した私の「自己満足」な指導でした。おそらく松長君は、そんな横暴な私に卒業したら握手する気持ちなどわかなかったのだと思いました。

一人ひとりの思いを大事にしなければと思いながら、いつのまにか、自分の言うことに素直についてきてくれる子がいい子で、そうでなくて反発したり違う行動をする子はおかしい子だと一方的に思うようになっていた自分が思い知らされた気持ちになりました。子どもの気持ちに寄り添えない自分が情けなくなりました。数年たって電車の中でバッタリと松長君に出会いました。彼にあやまらなくてはと思い、「ごめんね、卒業の時にいやな思いをさせてしまって」としどろもどろになって私が言うと、彼はにっこり笑って、「あの頃はガキでしたから生意気だったでしょう。ところで先生おいくつになられましたか。仕事頑張って下さい」と言って去っていきました。私は彼の言葉に救われたような気持ちになりました。

子どもに向かって歩く

子どもに寄り添う、子どもの立場にたって考えるというのは口で言うのは簡単ですが、なかなか実行するのは難しいことです。大学を出たと思ったら、いつのまにか「先生」と言われ、知らず知らずのうちに、子どもだけでなく父母に対しても上から目線で物を言うようになってしまいがちです。

教師という仕事は子どもたちに教えることはたくさんありますが、様々なタイプの子どもたちと接して、時に反発され、時に裏切られ、でも次第に心が通じていく中で、本当に教師として成長していくのではないかと思うようになりました。ちょうど、親が親らしくなるのは子育てを通じて親として成長するように。私の場合は子どもたちに詩や作文を書いてもらって、それを読み合うことを続けていく中で、かろうじて、揺れながらも子どもたちの思いや考えに常に向かっていくことができたのかなあと思っています。

教師の仕事はアイドルのような側面が？

子どもたちは年を重ねた「おじいちゃん・おばあちゃん」の教師に対しても、「せんせー」と言って遠くからでもにこにこと手を振って挨拶してくれる時があります。そんなうれしい体験ができるのは極端に言うと、アイドルと教師だけ。けれど、教師という仕事は普通にしていて、あたり前で、少しうまくいかないとぼろかすにいわれます。私は「学級崩壊」になった時、「人気№１」から「ダメ教師」[1]と、まさに天国と地獄のような体験をしました。これもアイドルと同じです。

教師という仕事は目の前の子どもたちとの触れ合いの中で、そこで悩み考える中で一人の人間として成長することができるものだと思います。

子どもの前に立ち続けること

誰もが子どもの前に立ちたいと思って教師になります。でも子どもたちはいつも教師の思う通りの表情や態度は示してくれません。うまくいかないこと、失敗することの連続です。でもその中にこそ人間教師として成長することが隠されていると思います。

目の前の子どもたちの自分にない良さを発見する時、教師としての失敗に真摯に向き合う時、人間としての一歩の成長があるのではないでしょうか。

私などは、教師をやめる瞬間まで失敗の連続のように思いますが。

【注】（1）子どもたちの秘密のアンケートの結果から

【初出】『クレスコ』２０１３年４月号（№１４５）、大月書店、28-29頁

6 大学生と語り合う教師論　学生と教師について共に考える

教員志望の学生の問題意識の考察――教育学概論の授業実践から――

週一回、非常勤講師として教育学概論の授業を担当したことがありました。約二十名〜四十名の受講生を二クラス担当し、どちらも一回生が中心でした。全体として女子の比率が高く免許取得の関係で養護教諭希望の学生が多かったです。しかし、それぞれの学生の教師希望の意識には温度差がありました。共通している教師希望の原風景は、ある日ある時の教師との出会い、自分自身に真摯に向き合ってくれた教師が目標で、その教師のようになりたいという動機です。同時に教師に対する反発、負のイメージもあり反面教師として、そういう教師になりたくないという思いも強くもっていました。

今回の論文の主旨は限られた筆者の体験、授業の中の学生との交流から、彼ら、彼女らが現実の教育問題・事例をどう考え、教育学の理論をどのような視点で学び、実際に現場

の教師としてのどのような教師像を構築しようとしているのか、その上で学生の希望を実現するために私は何をメッセージとして伝えていけばいいのか、結果的に教師にならない学生であっても、どのような教育学、教育学概論の授業が必要なのかという私自身の授業を通しての試論です。

教師希望の原風景

最初のオリエンテーリングで全体構想の説明をした後、なぜ、この授業を履修したのか、教員免許を取得してなぜ、教師になりたいのか、それぞれの動機を授業の最後に書いてもらいました。二人の感想を紹介します。Ｄはリストカットをしたり自殺未遂をして、その後立ち直り大学に入学した学生です。

一人一人に向き合って（Ｄ）

中学の時、毎日、和歌山から貝塚へきて、私の家に迎えに来て、一人で学校へ戻る。学校が終われば電話をかけてきて「今日はこーけーことがあったわ」とか「こーけーこと解決したよ」と言ってくれる先生がいた。いじめ（？）のようなものがあって学校へ行けなくなってしまった自分のために動いてくれた先生。消しゴムを投げられたり、くつやお弁当を捨てられたり、チョークや砂が入っていたり、机に「死ね」と書かれる、そんな生活が当たり前のようになっていた中、その先生だけが生徒を注意してくれ、私の話を聞いてくれた素敵な先生だった。私も一人一人に向き合って、その人の人生を良い方向へ向けてあげる人になりたい。

もう一人は高校を中退し、通信高校に学び大学にきたGの思いです。

一人でも中退する子を減らしたい（G）

私は高校二年生の三月に高校を辞めました。三年生に進級できなかったのです。友人も担任もいい人ばかりでたくさんサポートしてくれたのですがだめでした。自分が悪いのですが中退したために小さい頃からなりたかった職業に就けずとても苦労しました。その時、担任だった先生が進路相談に乗ってくれ高校を受け、大学に通い高校の教師になることを決めました。もし、教師になれたら一人でも中退する子を減らしたいと思っています。

DもGもそれぞれのつらい中学・高校時代の体験を振り返りながら、その時に真摯に自分に向き合ってくれた教師の姿が自分の理想の教師像でもあり、教師になりたい動機だとしています。直接、書いてはいませんが、自分と向き合ってくれなかった教師には批判的な眼差しと思いを語っていました。

教育学概論の授業の概要

『現実と向き合う教育学』[1]をテキストとしました。毎回の授業の感想にコメントして、いくつか選び通信（授業資料）としました。授業のはじめに読み合い、指定討論として五名をあらかじめ予告しておき意見交流をしました。文献紹介（講義）と事例討議を毎回の授業に取り入れました。可能な限りグループトークなどを取り入れるようにしました。この学生の意見交流は他者の意見が様々な角度から聞けるということで好評でした。授業全体の指導計画は以下の通りです。いくつかの授業の感想を紹介しながら学生の問題意識を検討する。子ども理解、子どもの貧困、いじめ問題、学力論、授業論、教師論をテーマにした授業のいくつかの学生の感想から考察していきました。

授業のテーマ

第１回　オリエンテーリング
第２回　子ども理解
第３回　子どもを取り巻く現実
第４回　子どもと貧困

第5回　父母との共同
第6回　学力とは何か　授業づくりを通して
第7回　学力テスト
第8回　教師論
第9回　いじめ（1）
第10回　いじめ（2）
第11回　発達障害　カンファレンスのあり方
第12回　教師の歴史
第13回　学校と地域
第14回と15回は若手教師の手記や教育実践記録、論文の感想レポート発表。

①子どもの貧困の授業

子どもの貧困についての授業では大阪堺市の養護教諭の話を聞かせました。DVDを見せインタビューした内容を補足しました。いくつかの感想をそれぞれ紹介します。

健康に生きる権利が守られなければ（H）

ＤＶＤを見て、親の貧困は、子どもに大きな影響を与えるなと思いました。病院に行かなければならないレベルのケガを負っていても、親が治療費を払えないために十分な手当てが受けれないなど、健康に生きていくための権利が親によって、子どもにない状況に等しくなるというのは、国の問題でもあると思います。また、補助金制度も条件がとても厳しい上に無料で医療が受けられる制度があっても、昔から変わってない制度なので、今の子どもに流行していない疾患なので、今の子どもが本当に受けたい医療が十分に受けられていない状態なので、それを改善しないと、将来も医療を受けたいのに受けれない子どもが増えて、さらに国民の健康がおびやかされると思いました。健康に生きる権利が守られなければ、国は成り立たなくなると思いました。

Ｈは国の福祉制度そのものに言及しながら生きる権利という概念に鋭く言及しています。健康に生きる権利という論究は鋭いです。

少しでも寄り添おうとしている先生の姿が印象に残った（J）

ＤＶＤを見て思ったことは、それぞれに色々な事情をかかえた子ども一人一人ときちんと向き合っていて、子どもたちも保健室では安心して話している様子だった。やけどをした子をみているととても痛いだろうにお母さんに気をつかっているんだろうと思った。養護教諭が治療できることには限度があるから先生もその子のことを考えるとつらかっただろうと思う。朝ごはんを食べれない子や親の帰りが遅い子の気持ちに寄り添おうとしていた先生の姿がとても印象に残った。

Ｊは養護教諭の立ち位置を授業の中で発見しています。養護教諭希望の学生が多いのでＤＶＤの具体的実践に強い関心を示していました。同時にそこまで自分ができるかどうかという不安も湧いてきたようです。

昔の自分を思い出す（M）

ＤＶＤの映像を見て、昔の自分を思い出すのと同時にとてもショックを受けました。自分と重ねて一番印象に残ったのは朝ごはんや晩ごはんを食べれずお腹を空かしている子がそんなに多いという事実です。映像に出てきた先生がした行為は全て子どもにとって救いであり、嬉しい事だろうなと思いました。朝ごはんを食べさせてくれる事は本当にその子たちにとって救いであり、うれしい事だろうなと思います。映像にはかつて自分が望んでいた救いがありました。生徒一人一人に目を向けて手を差し伸べることがとても必要に思えました。それが社会のルール的に良くなくてもその子が生きるためには教師として一歩踏み込んで行動におこすべきではないかと思います。自分も小さい時は満足に食べれない事があったので映像に出てきた子どもたちの気持ちが痛いほどわかりました。家庭の問題などは決して解決しがたく教師がどうにかできる事ではないかもしれませんが、子どもの気持ちを理解してあげるだけでも助けになるのではないかと僕は考えます。少しでも多くの苦しみを抱えている子ども達に寄り添ってあげたいと思いました。

私はＭの過去の生活の断片を初めてこの感想で知りました。Ｍは強い教師志望の気持ちを持ち続けていて毎回の感想にその思いを書き、この感想文にはその原点ともいうべき自分の姿を書いていました。

国の予算案を今すぐ見直してほしい（Ｎ）

私の家は私が小学４年の時、生活保護を受けるため離婚しました。最近になって理由を聞いたので当時はあまりよくわかりませんでした。昔から父が家にいないのが当たり前な生活だったので高校２年のコンクールの時期、一度、父が一週間ほど私たちの家に泊まりにきたことがありました。母に理由を聞くと「お金がないねん」と言われました。私の家も母の収入だけで私も部活があり、バイトができなかったので生活が大変なのに、母よりも6歳若くて収入のよい仕事につくことができる父の「お金がない」にびっくりしました。私が部活から帰ってきて疲れているのに父が家にいてることがいやで学校に行って、友達と笑って、部活してる時間が本当に楽しかったのを覚えています。

今日のDVDを見ていると、両親が揃っているのに満足な生活ができていないこの社会は本当に早く変える必要があると感じました。国の予算案を今すぐ見直してほしいと思いました。私は小さい時もお金に苦労したので大人になったらしたくないと思っていましたが高校も大学も自分で払っていかないといけないのでこれからも苦労するのかなと気が重いです。

Nの生活の事実を知り驚きました。Nはそのことから逃げずに正面から向き合い授業に参加していました。だからこそ書けた感想だと私は考えます。学生は今の子どもたちの貧困の事実を知り、自らの生活実感と重ねながら感想を書きました。授業のまとめは特に書き方を指示していませんが何回か重ねるうちに自らの生活実感や過去のつらい体験などを書く学生が増えていきました。授業で資料プリントを配布すると真っ先に感想欄を多くの学生が読んでいます。授業は教材、筆者の話、そこに参加する学生の多様な感想が自由に語り合え聞き合う中で少しずつ深まっていきます。

②いじめ問題をどうとらえるかの授業

「いじめ」の授業は次のような内容で二回実施しました。

1　いじめとは何か

1、いじめの定義（四層構造・内藤理論(2)などの紹介）

2、学校現場の「いじめ」対応　ゼロトレランス　いじめ0報告の実態

3、岩手県矢巾北中学の対応事例から考える

2　いじめ指導

1、いじめは克服できるのか　厳しい指導とは何か

2、「いじめ」を教材にして考える指導実践の検討

3、いじめに関わる文献、ＤＶＤの紹介

学生のいくつかの感想です。

なんでも話せる友人がいるけど（P）

小学生の時、毎年、担任とのやりとりがありました。私は日記に赤ペンで書かれた文字が大好きでした。赤ペンの文字＝先生がきちんと私を見てくれていると感じたからです。Y君の担任は、親身になって常日頃から相談にのってくれていたとは思いますが、もう少し他にも書いてあげていればいいと思いました。後悔よりも杞憂で終わるほうが良いと思うのです。……私には何でも話せる友人がいます。新学期が近づくと、ストレスから私はいつも体調を崩します。そんな時にいつも彼女が悩みを聞いてくれます。彼女は「ああ、またか、」などとは決して顔に出さず私の相談に真剣に向き合ってくれます。そんな彼女は中学校二年生から自傷行為をはじめました。原因は家庭内です。彼女の自傷行為を止められない私は教員に向いているのか……すごく悩みます。

Pはこの感想を読み合ったあと他の学生から励ましのコメントをもらい書いてよかったと次の時間に語りました。ここに書かれた事実を書くか書かないかどうしようかかなり迷っていただけにその思いが強かったようです。

自分がいじめで学校に行けなくなった時（O）

自分がいじめで学校に行けなくなった時、相談できる人が一人だけだった。今、考えれば、しょうもないことで、死ぬなよ、と思うけど、その時は毎日を生きるのが必死だった。自殺未遂も何度もしてしまった。現実から逃げたくて、たばこを吸ったし、薬もしたし、リストカットもしてた。毎日泣いて、何も楽しくなかった。そんな思いで生きていて、唯一の相談できる人は私の家に来る途中、事故で死んだ。そのこともあって、自分が殺したとずっと引きこもった。親が無理やりカウンセラーや医師を呼んで話をさせた。ちょっとずつ話すことになれ、外出もできるようになったが、学校に関する話、相談できた人の名字などの話を聞くだけで吐いていた。いじめも怖かったけど、自分に共感してくれる人がいないこと、自分の味方がいないことが何よりも怖かった。今では普通に日常をおくっているけど、たまにフラッシュバックしたりする。学校で見て見ぬふりをしていた多くの先生を今も嫌いで、どうして見てくれなかったという思いが残る。自分も他の人にもこういう思いをさせないように一人一人を見れる人になりたい。トラウマを残さないようにしてあげたい。

学生の「いじめ体験」は筆者の想像を超えていました。あまり語りたくない過去であったと思いますが素直に書いてくれました。書くことによって自分の過去を乗り越え、今を生きる覚悟のようなものを感じました。Oに「よく書いてくれましたね」と筆者が赤ペンで添え書きすると「今は大丈夫ですよ」と笑って答えていました。「いじめ」を克服する実践に特効薬はありませんが、現実と向き合う教師の逃げない姿勢が大切だと痛感しました。

③授業づくりの授業

指導要領に沿った授業、誰でもできる授業案の工夫などといったマニュアル本が氾濫していますが学生にとって思い出に残っている授業にどんなものがあるかを交流しました。自分ができた、わかったと思った時、授業中に先生に発言をほめてもらった時などが学生の印象に残る授業の感想として多かったです。そのあと、詩人のまど・みちおの作品鑑賞をして短い詩を作るという授業を体験させました。学生の作ったいくつかの詩の中から好評だったものを紹介します。作者名は伏せて俳句の句会のような感想交流をしました。

雲　　いつも他人に流されて、そのうえ、情緒不安定

街灯　　一番星より自己主張

消しゴム　　最後まで愛して

透明人間　　わたしの仕事はむしょくです。

こうしたオリジナルな授業づくりの意義を体験を通して考えてもらいました。学生の感想は意外と好評でした。短詩の感想とあわせて紹介します。

みんなの詩を聞けるのが楽しみ（F）

言葉の組み合わせやリズムによって聞いたり言葉に出した時に楽しさが違うと思いました。また、お経の時、木魚を使っていたのは驚きました。子どもたちをやる気にさせるには、どんな風な形式でやっていくのかが必要だなと思いました。小さい子の詩を見て、単純だけどなぜかホッとするような詩を見て、本当は心の中でこんな風に考えているんだなと納得してしまうものがありました。大人が考えて（ひねって）、だした詩よりも、子どもが書いたなにげない日常の一言のほうが聞いていて共感できるので、もっと色々な子たちの詩をみてみたいなと思いました。来週はみんなの詩を聞けるので、楽しみです。

まど・みちおの「がいらいごじてん」（I）

まど・みちおの「がいらいごじてん」は、おもしろいなと思いました。そして、まど・みちおさんの表現力がすごいなと感動しました。私は、こんな柔軟に考えることが出来なかったので、先生になって子どもたちに言葉を楽しく覚えてもらうために、このようなものも活用できたらいいのかなと思いました。子どもが書いた詩や日記でこんなに素直なことを子どもたちは書くのだなと思いました。素直だからこそ、思っていることが、こんなに伝わる文章になるのだと思いました。

雰囲気がよくなる授業（K）

短詩という新しい事に挑戦して楽しかった。そして、また新たに色々な考えがあるのがわかった。これから先生になるためにこういう楽しい授業がとても良いのがよくわかった。だから、雰囲気が良くなる授業をしたい。

子どものすごい所（L）

この授業はふだんと違って不思議に思いました。いつもは内容を聞いて、思ったり考えたりするのですが、今回は直観的というか本能的に感じる内容が多かったです。大人にない子どもの感性とはこういう所であり、確かに大切にするべきだと思いました。いざ、短詩などを作ろうとして、なかなか出来ず、子どもの時ならできたんだろうなあと思いました。

この授業は生活綴方の歴史とあわせておこないましたが、学生自身の体験から一方通行の授業でなく楽しい印象に残る授業をつくりたいという意欲を感じました。子どもの声、本音を聞き出す意味などについて考えてもらうきっかけになりました。

④教職論の授業

では最後に学生がどのような教師像を自分の目標としているのか、その思いは大学を卒業するまで持続するとは限りませんが、現時点でどうなのかを探るひとつのてがかりになります。いくつかの教師の事例から考えた教職論の授業です。若い教師の手記を紹介し、意見交流しました。一人は「強い」期待される教師像をめざした鈴木君の手記、二人目は失敗を繰り返しながら悩む小林さんの手記、三人目は体育大会の組体操での小さなドラマを描いた二宮さんの事例（いずれも仮名）を示しました。学生の感想から考えてみました。

気持ちが揺らいでます（A）

今日の話を聞いていて教師はとても大変な職業だと思う。子どもたちの指導や上司からの指導、私は耐えていけるのか？　不安になりました。私はわりと心が強くないので、繊細な事でも、気になり、落ち込んだり、へこんだりします。教師になるためには、自分をコントロールできるようにしなければいけないと思った。正直、今、養護教諭になるか、ならないか気持ちが揺らいでいます。自分も折れて辞めてしまったり、精神病などにかからないか、将来が不安になってきたりします。もう一度、原点に戻り考えるのも大切だと思う。

Aは揺れる不安な気持ちを素直に書きました。むしろこの迷いに向き合うことが大切でその積み重ねの中で進路を考えてもらいたいと思いました。

本気でぶつかる教師に（E）

今日の二宮先生の話はとても感動し、同時に理想的だなと思いました。私が思うに女子生徒はリレーに本気だったからこそ口論になって、泣き出してしまい、二宮先生も生徒を思う気持ちが強いあまりに泣いてしまったんだと思いました。こうやって生徒と先生がお互いに本気で物事にぶつかり合えることは幸せなことだと感じました。私も将来、泣くまではいかないにしろ、二宮先生の話のように本気でぶつかっていけるような教師になりたいと思いました。

小さな体験談の手記ですが教師の仕事の魅力をEはとらえていました。子どもとの小さな交流、体験が教師の喜びの原点です。

怒るのでなく叱ることを（B）

校長や指導教官がボスザルだ、スタンダードだというのはなんだか生徒に逆もどりしてるみたいやと思った。私の思春期は人より早く小学校４年生ごろに訪れたのですが、その時の担任によって、見事に押しつぶされました。自分の思いどおりに子どもが動かないと不機嫌になる、殴る、ひっぱたく、皆の前で１日立たせる、大声で怒鳴る。クラス全員が何も自分の思ったままを口にしなくなりました。中２の時に秋から来た担任もそうで、トラウマになっていた私は小学校４年生以外の記憶をほとんど失いました。頭の上からガンガン響くような声で怒鳴られたことしか、14才までのことはわかりません。さらには、私はそのことがあって塾でも子どもを叱ることができません。今はもう随分、薄れてしまいましたが思いだしそうになるからです。あの教師のように感情だけで怒ってしまいそうになるかもしれません。私は感情の起伏が激しい方なので〝怒る〟のでなく〝叱る〟ことが大切で難しいのだと思います。

Bは体験から教師の仕事の難しさを言及しています。一人ひとりの子どもと真剣に向き合えば真剣にほめたり叱ったりすることに遭遇します。その瞬時の判断をいつも教師は必要とされています。

憧れました（C）

「先生の涙」(3)というお話を読んで、私はすごく二宮先生に憧れました。リレーに負けただけでクラスがバラバラになり、体育大会の最中に投げ出されるような事態が起きた時、そのままほっとかずに自分の気持ちをまっすぐに生徒に伝えるというのはとても良いことだと思います。私もこうすると思うし、これが一番心を動かせる行動力だと思う。その時、どうすればいいか、わからなくなって変に言うよりか断然当たってたと思う。「最後、人目をはばからず泣いてしまう」という文に私も泣きそうになりました（笑）。こんな先生になりたいなあ～

Cの目指す教師像の一つの姿を手記から具現化しています。多くの学生がこうした若い教師の体験談に共感します。それがエネルギーになるのです。

失敗はたくさんするけど（Q）

私はどちらかというと小林さんを支持します。鈴木君のやり方だと、怒られている子どもがいつかは反発するようになり、子どもと深い関係を作っていくことが出来ないと思います。小林さんは子どもとコミュニケーションをとり、良い関係を作ることもできるし、子どもを自由にのびのびさせてあげることで、子どもの良い所や悪い所が出てきて、子どもたちも「自分」

とはこういう人間だとわかってくると思います。小林さんは失敗をたくさんするけど、その失敗はこれから成功へと変わっていくと思うので、最初は失敗して周りから言われてもあまり気にせずに子どもたちを第一に思える良い先生になると思います。

Qは子どもに寄り添う教師像とは何かということを考えています。寄り添うという言葉を実際に行動にするのは難しいです。教師と子どもの良い立ち位置が要となります。

教育学概論の授業を終えて

十五回の授業全体を学生たちがどのようにとらえていたのか、いくつかの感想から考えてみます。私はT大学で三年間『教育学概論』の授業を担当しましたが、それぞれの学年の学生たちの感想（このレポートは二〇一六年度の学生の感想が主です。二〇一七年、二〇一八年度の学生のコメント）もいくつか紹介します。

この形式が好きで（R）二〇一六年

私はこの講義形式が好きで、一つの事例に対して自分の意見を書き、他者の意見を聞く、そして最後にまとめを書く。そうすることによって自然と頭に入ってきたし、他者の意見を聞けて参考になったことも多くあって、受けて良かったと思った。先生の過去の苦労も講義を聞いていると大変だと思うことが多かったですが、その反面、教師になって良かったなと思う面もあることが知れてよかったです。

同じ志を持つ人の意見がたくさん聞けたこと（X）二〇一七年

この授業がきっかけで、初めて教員の目線にたって学校教育を考えた。そうすると生徒としての目線でみていた学校という場所は教員の立場から見るとまったく違う場所に見えた。（略）この授業で刺激となったのは、同じ志を持つ人の意見がたくさん聞けたこと、そして教育現場の現状を先生の実体験、手記、ビデオなどから知り、考えることができたことである。教師を目指そうと思ったみんなの経緯、いじめに対しての思い・意見など正直普通ではあまり話さない、聞けない貴重な同世代の意見を聞けたことは大きい。（略）いつも自分に問い続ける。『私はなぜ養護教諭を目指したいのか』と。そしてこれも授業で再認識したのが、私は本当に養護教諭になりたいという強い気持ちです。（略）

毎回、教師とは何かについて考えることができた（Y）二〇一八年

教育学概論の授業では、毎回、教師とは何かについて考えることができた。そして、ひとり

ひとりが違う教師像を持っているということにも気づいた。私は、教師とは「子どもを全身全霊をかけて支えるもの」だと授業を通して考えるようになった。たとえすぐに成長しなくてもいつか変わること、自分の願いが子どもの人生に少しでも残ることを信じることが何よりも大切なのだとも知った。この授業はただ話を聞くだけでなく、よく聴き、よく考えて発言することが必要だった。それは大変なことであったが、しかし面白さや楽しさにもつながっていった。ひとりひとりの意見と自分の考えを比べ「この人とは同じ意見だ」「自分はこう思っていたが、人によってはこう考えることができるのか」と毎度新鮮な気持ちになった。人と違ってはいけない空気の中で育ってきたため、人と違うことの面白さと、そこからたくさんのことが学べると気付けて本当に良かった。（略）

指定討論やレポート発表が（Z）二〇一八年

この授業は先生が学生に対して一方的に知識をつめこむのではなく、先生が学生の状況などを考えた上で授業を進行して下さったのでとても有意義だった。授業では「指定討論」や「レポート発表」がありましたが、これも「いじめ」や発達障害を持つ子ども理解、「モンスターペアレント」などの問題を自分で考えて意見したり、他の人の意見を聞いて交流する良い機会になりました。

（※感想の傍線は全て筆者によるもの）

学生の感想は多岐にわたり、ここで紹介した感想とは逆の思いを持っている学生も当然います。ただ教師になる、ならないかは別にして傍線を引いた箇所、同じ学生の思いを聞けてよかったというのが圧倒的に多かったです。学生の感想に書いた筆者の赤ペンを「毎週、楽しみでした」と書いていた学生もいました。学生が授業の中でお互いに意見や感想を聞き合い語り合うという空間を作ることが大切だと考えます。

終わりに

いくつかの学生の感想から、子どもに寄り添い、現実の教育問題に真摯に取り組もうとする学生の姿をかいまみることができました。しかし、今の現場は、その学生たちの思いとは逆で「即戦力」の教師、効率よく仕事をする、物言わない教師像が要求されています。教員免許を取り、採用試験に受かり、現場に赴任すると、すぐにF1レーサー(4)になることが強要されます。こうした中で私が考える授業の留意点を四点述べます。

第一に、現実を知り学ぶ、教育学の文献から学ぶ重要性です。

厳しい現実を知れと叱咤激励するのでなく、根拠のないユートピアのような理想だけを語るのでなく現実と向き合う教育学に着眼させることです。臨床教育学の視点をもつことが大切です。現実の中でしたたかに生きる現場の教育実践から学んでほしいのです。学生の側からみて、教える教師の側が一人ひとりに寄り添う教師として見えているのかを深く自覚しながら大学での授業にのぞむことが大切だと考えます。

第二に、教師像をたえず考え、明確にしていく援助をすることです。子どもと同時代に生きる伴走者としての教師像の意義を明らかにすることです。舞いあがらず、落ち込まないこと。聖職者、労働者、反省的実践者、それぞれの教師像の歴史を振り返りながら、子どもの命を守る教師としての瞬時の判断力を磨くことの重要性を示すこと。その上で子どもは教師の作品ではないことを明らかにしていくことです。子ども自身が発達の原動力を持っていることを明確にしていくことです。子どもと伴走するという意味をたえず吟味することです。

第三に、一人で抱え込まない。悩み、愚痴を共有できる場所づくりを示唆すること。指導要領、職場環境、上司との力関係の中でどのような立ち位置をもつのか、先輩教員の手記から学ぶ。他の職種との連携を示唆する。困難に陥った時、一人で抱え込まないで、悩みや愚痴を共有できる場所の大切さを示すこと、教師の代わりはあっても、あなた個人の代わりはないということを自覚させることです。場合によっては休職することも必要ということを示すことです。真面目に仕事に立ち向かうことと、すべて自分で抱え込み悩みすぎて病むことは別であること、ＳＯＳを出す勇気について語ることが大事です。自己責任の呪縛から安易に自らを否定しないことを強調することが大切です。

第四に、教育とは何か、自らの教育の原風景に立ち返る大切さを強調すること。子どもに寄り添う、父母と共に協力する、同僚から学ぶ教師とは何か、常に基本に自分の原点に返り考える大切さ、ゆっくり時間をかけて、成長する教師像をたえず示唆することです。教師は現場で鍛えられ、試行錯誤の繰り返しの中で成長します。ある面、教師をやめるまで指導力が完全ということはありえません。だからこそ自分の教師志望の原点を常に振り返り、希望の教育学を明らかにしていくことです。最終的に教師にならなくても、教育とは人間の可能性を追求するものであることを示唆することが大事です。

私はこの視点を大事にしながらこれからの大学での授業実践に取り組んでいきたいと考えています。(5)

【注】（1）田中孝彦・藤田和也・教育科学研究会編『現実と向き合う教育学：教師という仕事を考える25章』２０１０年、大月書店

（2）森田洋司『いじめとは何か』２０１０年、中公新書。内藤朝雄『いじめの構造』２００９年、講談社現代選書を教材資料として紹介しました。

（3）拙論「若い先生の涙」『教育』２０１２年2月号、１１８頁

（4）岩瀬直樹「『せんせい』になっていくということ」『教育』2016年4月号、11頁
（5）この論文は、『帝塚山学院大学教職実践研究センター年報第2号』（2017年）拙論25-34頁に加筆修正したものです。

小学校教師の時は「教師をやめたい」「教師に向いていない」と何度も繰り返し考え立ちどまりました。大学の教員になっても「教師とは何なのか」学生に語り、繰り返し自問自答している私です。

第3章

授業で　学級づくりで　学校づくりで それぞれの風景

臨時教員として歩みだした時、サークルの仲間と語り合うことが何よりの支えでした。「はぐるま研究会」「なにわ作文の会」「大阪綴方の会」の学習会に何度も参加しました。M小学校のように職場が対立していた学校ではサークルが心のよりどころでした。そうでなければあの時の六年生の担任など、とてもやりきれなかったし、つらい立場のB先生に助けてもらったからこそ四十年ぶりの奇跡のような同窓会が実現できたのだと思いました。困った時は正直にSOSを出そうと思いました。ある意味、それが教師としての出発点だと考えています。同時に地域で身近なところでサークル活動を続けたいというのも強い要求となりました。

話が前後しますが一九七九年、四年間の講師の経験を経てやっと正式採用となりました。その時の神足小学校の八年間の経験、校内の重点研究の取り組みをまとめたものが、一九八五年三月号の雑誌『教育』にはじめて論文として掲載されました。「**健康を権利と**

して生きる力をもった子どもたちに」「生活点検」と学校教育という特集でした。

正式採用され教職員組合の仕事が続くなかで仲間と小さなサークルを作ることになりました。一九七九年に正式採用され約十年後、京都教科研を作ることになりました。一九八〇年から一九九〇年のはじめにかけての頃でした。その頃発表したいくつかの記録です。迷いながらも教師の仕事の楽しさを少しずつ実感してきました。

❶ 子どもたちの詩や作文をゆっくり読み合いながら

学級づくりは、教師の指導性と包容力にかかっています。この頃、いろいろなところで決まったように語られます。教師の、集団を動かす指導力と一人ひとりを大切にする指導力、この二つの統一が大切だと力説されます。メリハリのあるクラス、楽しく明るいクラスをつくるということなのでしょうか。私は今まで、そのことを念頭に学級づくりをしてきたつもりですが、うまくいったといえる状況はあまりありません。しかも学級崩壊的な状況に遭遇し、四苦八苦したことがあります。

ただ新任以来、ずっと続けていることが一つあります。それは、子どもたちの詩や作文を読み合い語り合うということです。

詩や作文を読み合う面白さ

今、国語の読解力、国語力の大流行です。いかに短時間で自分の考えを〇字以内に書きあげるかということが要求されています。それは大切なことですが、まず子どもたちの書いてきた作文や詩を教師が楽しんで読む。そしてそれをゆっくり子どもたちに読んであげる、ということを大切にしたいのです。

子どもたちは、虫を取ったこと、友達と遊んだこと、家族のことなど、実に多彩に、ある日ある時のことを書きます。それはうれしかったり楽しかったり、やったあという思いであったり。時に悲しいこと、つらいことを書いてくれたりします。作品によってみんなの前で読めない作品もありますが、子どもたちの作品を読んでいると、子どもたちがかわいくなってきます。教師である自分が知らない子どもたちの一面を知ることになるからです。

私の場合は読み聞かせとあわせて一枚文集にして、朝の会や終わりの会、時には授業の中で読み合っています。その子の作品で思ったこと、同じような体験を語り合うということを続けています。

お互いを少しずつ理解しあっていく

子どもたちは、クラスという集団の中で、お互いを知っているようであまり知らないことが多いです。高学年になってくると、気を使いあって本音を語らないという場合も多くなります。ゆっくりと作文や詩を書かせ読み合っていると、実にゆっくりですがお互いを理解しあって、やさしくなっていきます。もちろん、これだけで学級づくりが完成するものではないし、人間関係がすっきりいくというものではありません。ただ子どもたちは、「読まんといて」「載せんといて」と言いながらも自分の作品を読み合う時の表情は穏やかです。一枚文集を配った時の静けさ、集中はなんともいえない瞬間です。ただ最近は個人情報の関係で、なんでもかんでも読み合えるというわけにはいかなくなりました。

なんでも言える、安心して語り合える学級づくりの基礎がそこにあるように思います。今、私は三年生を担任していますが、その子どもたちに読んであげた、昨年の四年の子どもの書いた詩です。

○○家　　　　四年女

今日もみそしるに
味そをいれてるお姉ちゃん

そこへ　お母さんがさわり
「なに　どこさわってんの」
と　姉
「えっ　よく育ってるかたしかめてんの」
と　母
「なんで」
と　姉
「農家の人が　かぼちゃのできぐあいをたしかめてんの」
と　母
これが毎日のようにある。

子どもたちと一緒に笑った。ただそれだけだけどホッとした時間でした。

終わりに

子どもたちに詩や作文を書かせるとあとが大変ということもあり、多忙化した現場の中では、文集にしたり通信にするということは、なかなか手間ひまのかかる仕事で、敬遠されがちです。以前であれば父母の中から自分の子ども以外の子どもたちの様子がよくわかるといった感想がありましたが、今はどちらかというと否定的な意見も少なくありません。「もっと、けじめのあるピシッとしたクラスにして下さい」「作文や詩もいいですが、漢字や計算がしっかりできるようにして下さい」

父母の当然の願いに真摯に応えなくてはなりません。そのことを前提としつつ、やっぱり子どもたちの作文や詩を楽しく読み合っていきたいと思います。自己表現が自由にできて安心して受け止めてくれる仲間がいる。その上でメリハリのついた行動ができるようにしたいです。

楽しみながら続けていきたいと思います。

【初出】『京都教育センター通信』２００７年、再刊15号

２　一枚文集を書き、読み合うことを無理なく続けて

――詩や作文で子ども・父母とつながる――

春の遠足で近くの天王山に三年生と兄弟学級の五年生が一緒に登りました。お互いに助け合って頑張ったなと思ったら、かずお君はこんな詩を書いてきました。

おしっこ天王山　　かずお

下り道　きゅうに　おしっこがしたくなった。
それから五年生に
「しっこしたい」
って言いました。そしたら
「がまんしろ」と言われた。
それが三十回ぐらいつづいた。
さか道おりる時　体がゆれて　しっこがもれそうになった。
「おぐらじんじゃのトイレでしたい」
って言ったら
「あかん」
ていわれてつらかった。
学校について
体いくかんのところでしたら
たいりょうにおしっこがでて
びっくりした

一枚文集にして読み合った時、教室は爆笑でした。

（文集『天王山の仲間たち』）

一枚文集を無理なく作り読み合っていく

子どもたちの詩や作文が国語の教科書に掲載されなくなりました。授業の中で時間をとって子どもたちに作文を書かせる時間がとれなくなりました。私の場合は子どもたちに生活ノート（日記）を持たせて、家で書いてもらって班ごとに（毎日四人から六人）提出してもらったり、詩を学校で書いてもらって、それを一枚文集にして朝の会とか終わりの会などで読み合っていました。この一枚の文集（通信）を子どもたちに配った時、自分の作品が掲載されていない子は「よかった。載ってなくて」と言い、掲載された子は「えー」と言いつつ、少しはずかしそうな表情をします。その瞬間がなんともいえない楽しい時間でした。どの子も自分の作品、たった一枚の紙ですが、そこに自分の作品が印刷されて紹介されると嬉しいのです。そして読み合って、感想を語り合う時、これが至福の時間でした。読み合うことは楽しいのです。書く内容は行事のこともありましたが、基本は子どもたちの書きたいことを自由に書いてもらいました。

毎日、全員の生活ノートを提出してもらった時もありましたが、なかなか大変なので班の人数分だけになっていきました。文集もとにかく一年間、続けられるペースで発行していきました。子どもたちの作品を載せ、少しコメントを添えるという簡単な形式の文集です。文集の名前はＣＤのアルバムタイトルをつけるようなつもりで『前へ』とか『素顔』とか『ぼちぼちいこか』とか多分に自己満足なネーミングでしたが。『素顔』というタイトルにした時は子どもたちが本音を出しすぎて、『夜明け』というタイトルの時は学級が困難になり大変でした……。

毎日のくらしから

子どもたちの毎日の生活の中にいくつかの小さなドラマがあります。「書くことないー」とよく言いますが、そんなことはないのです。

三姉妹で家ぞくごっこ　　　　のぶこ

わたしは　ひまなときに　いもうとたちが
「のんちゃん　いっしょに　家ぞくごっこしよう」
と言います。だから　わたしは

「いいよ」

と言います。そしてから　はじめると　さいしょに　なになるかきめました。三女は　おねえちゃんで　次女は　赤ちゃんで　のぶこが　おねえちゃんです。ごはんは　ブロックとパズルです。まぜる道具は　おじいちゃんに作ってもらった　めんぼうです。まず　ごはんを作って　赤ちゃんに　たべさせるところからです。まず　赤ちゃんが
「え～ん　え～ん」

とないて　おんぶします。そしてから　もう一人の　おねえちゃんが　ごはんを　作って赤ちゃんに　食べさせます。そして　どうのこうのしながらしていたら　ママが
「なんで　そんな　あそびしてんの」

と　言います。そして
「のぶこ　しゅくだいしなさい」

といわれます。でも　やっぱり　かぞくごっこは　やめられません。なので、しゅくだいしながら　かぞくごっこをします。そして　みつかると　とても　しかられます。

「しゅくだいのときは　ちゃっちゃっとしなさい」

いつも　こういわれます。だから　おとなしく　しゅくだいをします。

なんか　きにいらないので　二時間かけて　しゅくだいをします。

（文集『天王山の仲間たち』）

教室で読み合った時、「ようわかるわ、その気持ち」「のぶこ、なかなかやるなあ」という感想が語られました。教室ではおとなしいのぶこちゃんですが、その時はにこっと笑っていました。後の懇談会で、のぶこちゃんのお母さんに、その話をすると「もう困ってます」と言いながら家での様子に話に花がさきました。兄弟姉妹が少なくなってきましたが、家族の中での話は話題がいっぱいです。

イヌやネコ・生き物に対する子どもたちの思い

子どもたちに書きたいことを書いたらいいというと、イヌやネコのことばかり書いてくる、とよく言われます。でもよく読んでみると、そこに子どもたちの優しさや悲しさが書かれている場合があります。いつもひょうきんな太郎君はこんな日記を書いてきました。

ネコが死んでからの自分　　太郎

一学期「ネコの死」という詩を書いた。いまでもネコのことは忘れてはいない。いまでも〈ネコが生きていたらなあ〉と思った。ときどきネコのことを、すごく思い出して、ねられなかったこともある。
　ごはんを食べるときも、ときどきなみだがポトポト出てきて、食べられないときもあった。ネコのことを一時間、一分一秒、忘れたことはない。おねえちゃんと、いつもけんかばかりしているのに、ネコがいるとけんかしなくなった。ネコをひろった時、お母さんに「ダメ!!」といわれて、友だちの家で泣いてしまった。お母さんが「一日だけならいい」とゆるしてくれて、次の日、すてにいきました。次の日、まだひろわれていなかったので、かわいそうでたまらなくなって、家にもって帰りました。そして家でかうことをゆるしてもらいました。それから何日かして、おばあちゃんの家へいき、こたつのふとんで、まるくなってねていたとき、原因はわからなかったけど、ちょっとしてネコが死にました。そのときは、みんな、おばあちゃんも、おねえちゃんも、ぼくも泣きました。とても悲しくて胸がいっぱいになりました。それから自分はネコのことを毎日思いながら一日をすごしています――。

（文集『いちばん星2』）

太郎君は泣きながら読んでいたので、その時は語り合うということはあまりできませんでしたが、静かに読み合うだけで太郎君とみんなの気持ちが通じたように思いました。そういう時間があってもいいと思います。

夢中になる時のことを

大人からみてたわいのないことでも、子どもたちにとっては真剣で、夢中になることがいくつかあると思います。そんな一コマを読み合うことも大事かなと思います。

ドンコはくいしんぼう

けん

ぼくは、水そうでドンコと金魚とどじょうをかっています。ドンコ四匹、金魚七匹、どじょう二匹かっています。一番くいしんぼうは、金魚のしろですが、ドンコもまけずにくいしんぼうです。なぜかドンコもくいしんぼう。金魚のえさがおちてきたらすぐとびつくのです。だから金魚もこまってるだろうと思います。ある日、ぼくが「食いすぎ」と、こそっというと、ドンコの一番でっかいやつが、ぼくのほうをむいてくちをぱくぱくしました。ぼくが、ドンコにばかにされて、ドンコがわらっているようだから、ふくれっつらをしてしまいました。おとうちゃんが「にわの土をやわらかくしていると、みみずがでてきたからドンコにやってんねん」といって二匹のみみずをいれました。するとドンコは、みみずのながいのをはじめにでっかいのがくいつきました。すると中くらいのドンコもそれにくいついてとりあいになりました。（どうせ、でっかいのがかつんやー）と思ったら、中くらいのドンコがしっぽキックみたいなんをやったら、でかいのがにげていきました。でも中くらいのドンコがのどをつまらしていました。で、一かい口からだしてもう一かいくいました。「あじわってくえよ」とぼくが言うと、ドンコはまたぼくのほうをにらみつけました。だからそれは、「うん」というサインかもしれません。一時間後、やっと食べ終わりました。（だからドンコは食いしんぼうなのかな）ともったという話。

（文集『みどりの風』）

魚博士？といわれた、けん君の話は「けんらしいなあ」「けん、遊ばれてるやないか」と言われながら、けん君も得意になって話が盛り上がりました。一枚文集を一枚刷るのも最近は起案といって、校長、教頭、教務主任の三人に事前に見せてハンコをもらわないと自分で刷ることができなくなりました。いつもはパソコンの字体の訂正（半角か全角か）などに赤ペンをいれて何回もやり直しを指示されるのですが、この時は校長の小さい頃の体験（ドンコとり）の話題で盛り上がりました。

行事の中で体験したことを

行事のたびに作文や詩を書かせるというのは形式的に繰り返すと、子どもたちは作文ぎらいになったりしますが、精一杯取り組んだなあと思った時は書いてもらって交流するのもいいと思います。体育大会が終わったあとに書いてもらった作品です。

なりやまないナルコ　　　　ゆり

じゅんび中からずっとなっている
きんちょうの音　ドキン　ドキン
ナルコをギュッと　にぎったしゅんかん
たいこの音がドンとなる
ダダダダダ
音にあわせて走る
シャララララララ
ナルコがずっとなっている
ダン！
たいこがなるとナルコの音が
ピタリとなりやむ
そしてずっとおどる
暑くてまわりが見えない

まわりが見えなくてわけわからないのに
おどれた
ナルコの音ときんちょうの音が
すっとなりやむ

（文集『みどりの風』）

集団演技のナルコ踊り、暑い中、練習を繰り返し体育大会にのぞんだのですから、ゆりちゃんの詩から、みんなも自分の体験を振り返ることができました。

お父さん　お母さんの小さい頃を読み合い語り合う

一枚文集にお母さん、お父さんに登場してもらう機会をいくつか考えました。四年生を担任したらお母さん、お父さんの四年生の頃を思い出して、できるだけ失敗談を書いてもらうように頼みました（学年によって違いますがその学年を思い出して）。

買い物

山本　美子

お母さんから　おつかいに行くようにたのまれました。市場に行って　なすびを買ってきて

と千円持って　はりきって出かけました。市場にいき
「おじちゃん　なすび」
と元気よく言いました。そしたら　おじさんが
「どれだけ？」
と聞いたので千円持っていったので
「千円で！」
と大きな声で答えました。買い物かごに　なすびが　どっさり入りました。帰ろうとすると
おじさんが
「まだあるよ」
と　またどっさり　なすびをいれました。こんなにたくさんと思い　また帰ろうとすると
「まだ　あるよ」
と　またどっさり入れました。もう重たくって重たくって家まで遠く感じ　あまりの重たさに
泣きながら　ひきずって帰ったら　お母さんが　あまりのたくさんのなすびを見てびっくり！
おこられてしまいました。それから毎日毎日おかずは　なすびばかり　ゆめの中までなすび
なすびを見るたび思いだします。買い物さえ　しっかりできなかったのに　今じゃ三人の母に
なっています。いまだに　なすびを買う時は思わず笑ってしまいます。

（文集『紙風船』）

大笑いでした。『お父さん、お母さんの小さい時』という文集のコーナーは子どもたちにも読んで下さる父母にも人気がありました。

終わりに

子どもたちの詩や作文を一枚文集に書き、読み合うことは手間ひまかかることですし、すぐに子どもたちが変わるというものではないかもしれません。でもゆっくり継続することで楽しさが体験でき、子どもたち・親たちとの距離が近くなります。自分にあったスタイルで是非はじめてみて下さい。

【初出】『作文と教育』２０１４年4月号、本の泉社

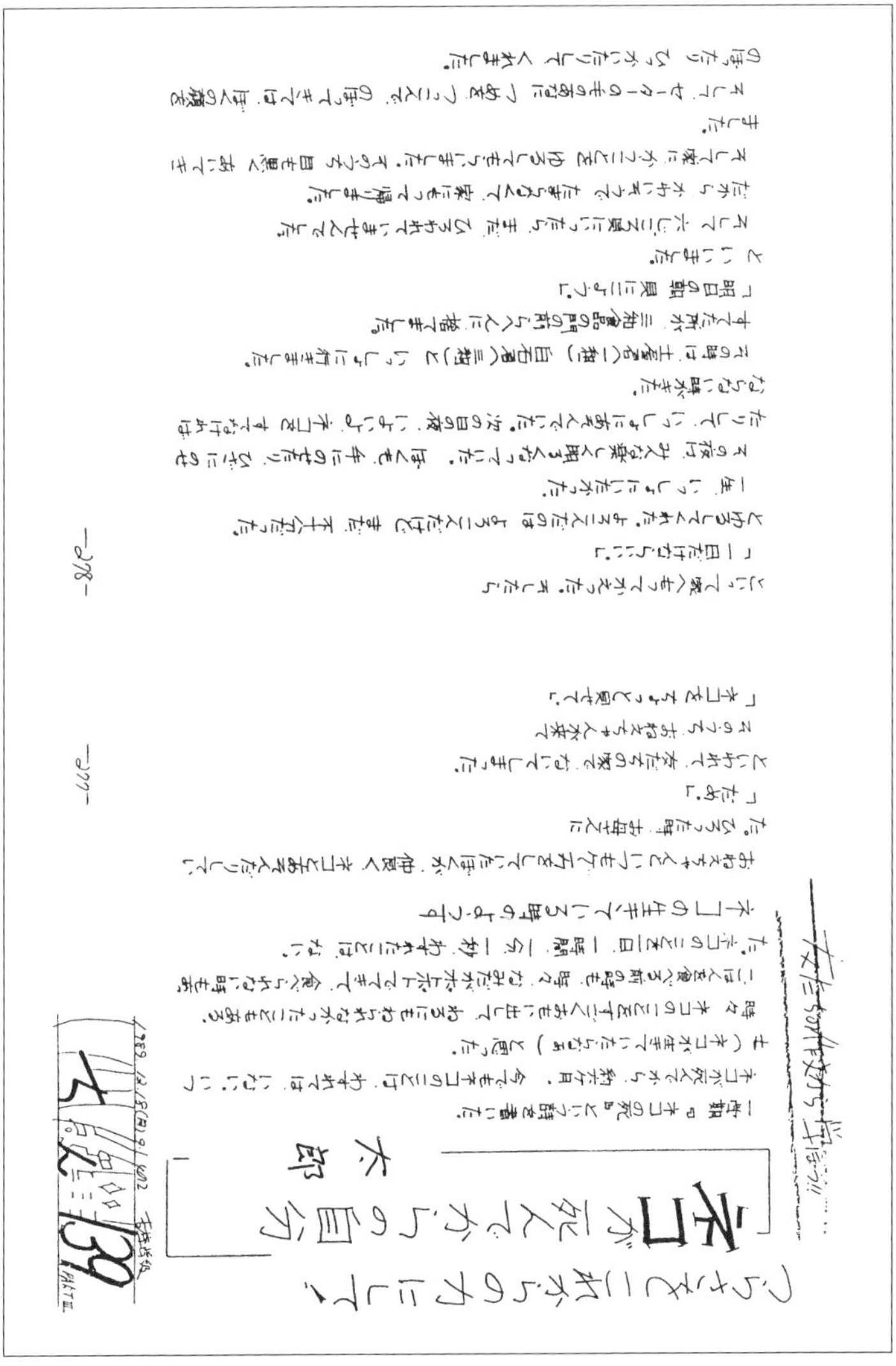
ネコが死んでからの自分

太郎

一学期『ネコの死』という詩を書いた。

ネコが死んでから、約六ケ月。今でもネコのことは、わすれてはいない。いつも（ネコが生きていたらなあ）と思った。

時々、ネコのことを思い出して、わるいこともわからなくなったこともある。ごはんを食べる前の時も、時々、なみだがポトポトでてきて、食べられない時もあった。ネコのことを1日、1時間、1分、1秒、わすれたことはない。

ネコの生きている時のようす

といって家にもってかえった。そしたら

「1日だけならいい」

とゆるしてくれた。よろこんだのは よろこんだけど まだ不十分だった。

一生、いっしょにいたかった。

その夜は、みんな楽しく明るくなっていた。ぼくも、手にのせたり、ひざにのせたりして、いっしょにあそんでいた。次の日の夜、ネコを すてなければならない時がきた。

その時は、土屋君（1組）白石君（三組）といっしょに行きました。

すてた所が、三和食器の門の前らへんに捨てました。

「明日の朝 見にこよう。」

といいました。

1989 12.20(水) 91 No.2

PART Ⅲ

それから何日かして、おばあちゃんの家へ行きました。

それから こたつのふとんでまるくなってねていた時、原因は、わからなかったけど、ちっそくで、ネコが死にました。

そのときは、みんな、おばあちゃんも おねえちゃんも ぼくも泣きました。

とても かなしくて むねが いっぱいになりました。

それからの自分は、ネコのことを 毎日、思いながら 一日を すごしています。

再録
ネコの死
太郎

ネコが死んだのは、
五月十四日。
午前二時前後だった。
最後のわかれ。
五月十三日 午後十一時だった。
ぼくが ねているうちに 死んだ。
みんなの かなしい 泣き声。
今は もう うめている。

教室メモ

※一学期 上の詩をよみながら 涙ぐんでいた太郎君をおもいうかべています。
いつも明るい太郎ですが、一日としてネコのことをわすれない毎日だと書いています。

たかがネコぐらいで……と思いがちですが、ネコの死を通して、またひとまわり大きくなったのではないかと思うのです。

つらいこと、悲しいことから新たな出発があるのです。

ネコにたくしたやさしさが、本当のやさしさと強さになるように
この作文が そのひとつのきっかけになれば…と考えています。


—279—

すてネコ
しんご

木ぞくかんからバスで学校にもどりました。

しつもんれんらくをして 終わりのあいさつをして かえりました。

かえっている中に、しらない大きい おにいちゃんが
「ネコを だれかかって。」

と言っていました。そして、しばらく見てかえりました。また そのネコを見に行こうとしたら 早田君が、さっきのすてネコをだいていました。ぼくが
「それ、どうしたん。」

ときいたら、

「あずかってくれる人を さがすねん。」

「ぼくも いっしょに さがすわ。」

「ありがとう。」

と言った ぼくと早田君。

それで三年生の人もいたので、いっしょに早田君の家へ行ってかってくれる人をさがしました。

さがしても だれも かってくれませんでした。五時ぐらいになると、さんぽの日をきめて かくしておきました。

そして つぎの日 雨でした。しばらくまっていると二十才ぐらいの お姉さんがきてネコを かってくれて あんしんしてかえりました。

今は だいぶ せいちょうしていると思います。

※よかった、よかった。かってくれる人がみつかって
すてネコをかくまった経験、皆にもあります。大きく育つといいわ……

—280—

③ 文学教育の楽しさ　『夕鶴』の実践

――文学の授業レポート（小四）

作品について

静かで美しい文章です。

日本だけでなく世界的にも有名な戯曲『夕鶴』の原作を損なわないように木下順二氏が特別に書き下ろした作品と言われています。私自身この作品は、確か中学一年ぐらいの時に習ったのですが、内容はともかくとして必死にノートに自分の気持ちを書きつづったことを覚えています。

『鶴の恩返し』をすぐ想像してしまいますが、『夕鶴』における木下順二氏の構成は、言葉の吟味とともに見事に計算されています。

「私をあなたのおよめさんにして下さい」というふうの話し掛けで一気に読み手を作品の中にひたらせていく。考えてみれば、実に大胆な発言を女の人に言わせているのですが、それが不自然に感じないような文の組み立てでもあり作品なのかもしれません。この作品を子どもたちがどう読み、語り合っていくのかが興味のあるところです。

四年生の子どもたちは、何に対してもやりたがりやが多く頼もしいのですが、飽きっぽいというか、すぐ諦めるところが気になる点でもあります。今まで『一つの花』『ごんぎつね』と学習してきましたが、三作目の本格的な文学の学習です。女子の読みの深さが男子をひっぱっていくという形になりがちなのですが、あせらずじっくり読んでいきたいと思います。

ガンと闘いながら舞台を心から愛した故宇野重吉氏は、この作品にふれてこう言っています。《……その後、『夕鶴』が『婦人公論』に載ることを新聞で知って、発売のその日の夕方、これも新橋の本屋で買って、帰りの横須賀線の電車の中で立ちん棒のまま一気に読み了えた時の感動を、私は忘れることが出来ない。電車の窓ガラスもまだこわれっぱなしの、お腹もペコペコに空きっぱなしの、何とも寒々しい戦後のくらしの中で、戯曲『夕鶴』は私に「生きていてよかった」と語りかけ、私をふるい立たせてくれた》（『新劇・愉し哀し』から）

一つの作品がここまで生き方に大きな影響を及ぼすのかと思います。文学作品が人の生き方にどう迫るかはよくわかりませんが、文学を読む中で人間を読む。文学の中の人間に共感することが大事ではないかと思います。

文学の中の人間に共感しながら読む。子どもたちだけでなく、私もこの作品の中のよひょうやつう、あるいは、そうどやうんずに寄り添って学びたいと思います。

書きこみ（ひとりよみノート）の取り組み

『ごんぎつね』の時もそうでしたが、学習の前に一人ひとりの書きこみを大事にして取り組みました。そして、授業でみんなで読み合った後、一時間の授業のまとめという形で感想を書いてもらいました。その感想を一枚文集にして次の時間のはじめに読み合うという形で進めていきました。

初めは作品の横に思ったことを書いていましたが、できるだけひとまとまりの文章からイメージをふくらませるということで、「ひとりよみノート」という内容で、今回は取り組みました（職場の中で学びました）。

こうしたことを続けていると、だんだん授業の発表が少しずつ多くなっていきます。以前、校内研究会にきていただいた永田喜久氏は、次のように書きこみについて述べておられます。

①発言の少ない子、消極的な子が、《書きこみ》によって自信をもち、発表できるようになる。

②考える力の弱い子、反応のおそい子が、じっくり時間をかけて《書きこみ》をする中で、発表できるようになる。

③教師が《書きこみ》に目を通すことによって、発表できない子、消極的な子の読みを、

授業中に引き出してやることができる。

④《書きこみ》をていねいに受けとめ、子供の実態をふまえて、授業を組み立てることができる。

⑤前もって作品を読み考える子を育て、読みの力を高めることができる。またこうしたとりくみを通して、主体的な学習態度を育てることができる。

（『月刊どの子も伸びる』一九八七年一月号）

また違った角度から坂本泰造氏は、『生活指導』一九八八年四月号で、書くことのよさとして、⑴全員参加性⑵明確性⑶深化性⑷集中性⑸個別性⑹変革性⑺深化・充実性、の七点を書いておられます。書きこみの力というのは文学だけでなく綴り方との関連も大きいと思います。しかしながら実際には書きこみの発表になることが多いです。

一人ひとりの読みを十分保証しながら、集団で読み深める面白さを味わう。教師もまた一方的な解釈をおしつけるのでなく、一緒に文学体験を共有する。こうした文学の授業が追求できないものかというのが、私の問題意識です。

授業記録

では具体的に実際の授業をテープおこしの中で分析してみます。

夕鶴・12の場面

――文集『八郎』一五二号（四ページ）を読む。（十人）

T　12の場面にいきましょう。読んで下さい（指名読み四人）。12の場面が11とどういうふうにかかわっていくのか勉強していこう。「とうとう」という言葉があります。よひょうはすぐにあの布を織ってくれと言ったのでしょうか？

上田　考えて考えてうんずたちと一緒に都へ行きたくなったから言ったと思います。

T　ここの場面でどうですか。

大田　よひょうはあの布を織ってくれと言いたくなかった。

T　言いたくなかったということもあるんとちがうかということですね。

江川　やっぱりよひょうは、都へどうしても行きたかったので、つうをあきらめて、うんずやそうどの言ったとおりに布を織ってくれと言ってしまったから、つうがかわいそうだと思う。

磯野　よひょうは「あの布を織ってくれ」と言ったので、都へ行くことを決めたと思う。けれど、一人だけ残されるつうのことをよひょうは考えなくなってきたし、よひょうも欲深な人になってきたと思う。

三木　よひょうはつうに織るのはおしまいよと言われて、でもよひょうは織ってくれと言ったから、つうはびっくりしただろうなと思いました。
田島　よひょうはがまんできなくなってつうに布を織れ、と言った。でも、ふつうのよひょうだったらがまんできると思う。
Ｔ　田島君。そのよひょうというのは前のよひょうだったらということだね。
山田　なぜ、突然によひょうがこんなことを言うのかなあと思いました。やっぱり、うんずやそうどの言うことが気になっていたのだと思います。
三田　田島君とよくにているけどよひょうが急に織ってくれ、都に行きたいと言ったから、前のよひょうに比べてびっくりしていると思う。
Ｔ　前と比べてやね。
高井　つうは織らないと言ったけど、どうするのかなと思いました。それによひょうは急に言ったけど織りたくなかったのかな。
竹田　つうはよひょうと楽しく働きながら、いつまでも暮らしていきたいので都に行くのをやめてほしいけどよひょうは、布を織れ、織りたくなければゆるさんぞとどなったように言うし、つうはどうしたらいいのかわからなくなったと思う。
Ｔ　なるほど。つうとよひょうは違うということだね。

森　よひょうはとうとうがまんできずに言ったのかなと思った。
堀田　つうはよひょうと一緒に楽しく働きながらいつまでもいたいという気持ちなのに、よひょうは今まで幸せだったのになんでそんなこと言うんだろうと思った。
小田　さっきの森さんとよくにているけど、よひょうは布を織ってくれという時、すごく言いにくかっただろうなと思った。
T　よく読んでるね、ここは言ったけど迷っている所だね。
原　よひょうはあんなにつうとかたく約束したのに、よひょうはつうに織ってくれと言っている。よひょうはうんずやそうどのところに行くのかなと思う。よひょうは都に行きたいから織れって言っている。つうは織るか織らないかどっちなんかと思う。
坂口　よひょうは都へ行くのががまんしきれなかったんだと思いました。
福井　よひょうは今まで織ってくれというまで11の場面で書いてあっても迷っていたと思う。
T　言葉に注目してね。迷っていた、ついに言ったということだね。
市田　よひょうはこのひと言を言うのに言いづらかっただろうなあと思いました。つうが驚いたのは、よひょうが約束を破る人とは思わなかったからだろうなと思いました。

佐藤　さっきは「〜くれ」をつけてお願いしたけど今度は「〜ぞ！」という字までつけて、ひどい言い方になってきたと思いました。
大田　つうはうそだと思ったと思う。
Ｔ　文章によく注目しているね。言い方が変わってきているね。次の所を深めていきましょう。
澤井　よひょうはどうしてこんなにお金を欲しがるのかなあと思いました。
Ｔ　この場面は言い方も変わっているけど、ついに言ってしまう。だけど前のよひょうと変わっているね。では、つうの立場になって考えてみましょう。つうの立場にたって意見どうですか。少し出ましたね。
福井　つうは都へ行くのがだいたいわかっていて織らないと約束したと思います。
Ｔ　この場面では、つうが驚いているというのが出ました。次の場面でよひょうの言い方が変わっているが、よひょうの立場にたってどう変わっているのか、書きこみを中心に言って下さい。
三田　よひょうは、つうと一緒に暮らしていた時よりもずっとずっとこわくなっている。
上田　よひょうはものすごく都に行きたいような声で言うたんだな。
中村　つうは織らないと言ったのに、よひょうは織ってくれと言ったので、どうすればよいかわからなくておろおろしていると思う。よひょうはつうがおろおろしているので、もっと怒っているように、きつく言ったと思う。

江川　三田君によくにてるけど、よひょうはつうの気持ちも知らないであんなひどいことを言ったから、よひょうは生まれ変わったみたいに冷たくてこわい人になったんだなあ。でもそれは、うんずとそうどにすすめられたからじゃないかな。

T　変わったけど原因があったということだね。

小川　つうは、よひょうの言ったことでショックを受けただろうな。つうは布を織るのか？

磯野　つうの気持ちは一緒によひょうと暮らしていきたいのに、つうのよひょうを思っている気持ちはなぜよひょうにはわからないのかな。よひょうは前と全然違う欲深い人になってしまった。

坂口　つうがよひょうの言葉を聞いた時、どう思ったのかな。そしてつうは、よひょうがそうどやうんずに言われたのを知っているのかな？　知らなかったら、つうはよけいかわいそうだなあと思った。

T　この場面、知らなかったらよけいかわいそうだね。

大田　よひょうは布を織れと言ったけど自分で働けばいいのに。

T　大田君は、よひょうについてそう思うんだね。ここの場面では、よひょうが変わっ

てきた、つうがショックを受けたというのが多く出ました。後半はつうの言ってい
る所が段が下がって書いてあります。ここからつうの気持ちがどういうふうになっ
てくるのか、書きこみを中心にして発表して下さい。

上田　つうはやっぱりよひょうのことが好きなので、毎日毎日、ただよひょうのことを
思っている。つうは本当に優しいんだな。

岩田　つうも夢もみんなむちゃくちゃになったんじゃないかな。

板倉　つうの願いは都のせいでかなわなかった。

T　ここで言ってるね。

山田　一番最後の所は、つうはもうよひょうと離れ離れになると思ったんじゃないかな、
と思いました。

三田　さっきの岩田君とほとんど同じなんだけど、つうは最初よひょうの家に来た時、よ
ひょうと仲よく暮らせると思って、ずっと暮らしていたんだな。でも、よひょうが
都へ行きたくなって、もう離れ離れになると思った。

T　ずっと前に戻ってみてるね。

大田　つうは、よひょうが欲ばりな人になってほしくなかったのに、よひょうは、そうど
やうんずたちと都へ行くので、つうがかわいそうだなと思いました。

福井　つうはよひょうと一緒に暮らしたいという気持ちが約束を破られて、どう変わったのかと思った。

Ｔ　つうが、どう変わったということだね。

小田　まだよひょうは、つうが鶴とは知らないから、いつまでも二人でこうしていられると思っているのかなと思った。

市田　ほんとに初めはよひょうもいい人だったから、願いはつうと同じだったんじゃないかなあ、と思いました。

山田　つうはよひょうと暮らしてから、本当にいい人だなあと思いました。

Ｔ　だいぶ出ましたけど、つうはおろおろしているショックを受けているというのと、でもよひょうをすごく思っているんじゃないか、とよひょうは迷いながらも言ってしまって、だいぶ変わってしまったというのが出ました。それでは、変わってきたよひょうについて悩みながらもよひょうのことを思っているつうについてどう思うかを中心に、まとめの感想を書いて下さい。では谷岡君、読んで下さい（指名読み四人、一部全員）。じゃあ、最後に二つのまとめの感想を書いて下さい。

――ひとり読みノートに一斉に書きこむ。しばらくして、できた人、何人か発表。

福井　この場面は、よひょうがつうとの約束を破ったことが書いてあると思う。それだけ、正直者からだんだん悪くなってきているんじゃないかな。前の場面ではまだすごく迷っていて、すぐに言いだしたいんだけど、まだ、つうのことを思ってもやりたくて、今「織ってくれ」と言ったけど、後悔していると思った。

T　なんとなくよひょうはそうだけど、後悔してるのと違うかと思ってるんやね。

大田　この場面はよひょうが悪い人になった。でもつうは怒らない、僕はなんでつうはそんなに怒らないのかと思う。

T　大田君は、つうの立場にたってるね。

磯野　よひょうは都に行くことを決心したと思う。つうの気持ちは、よひょうと一緒に暮らしたいのにいきなり都へ行くから、一緒に暮らしたばかりなのに別れるのでつうはかなしくなると思う。つうにも心があるので別れたくないと思う。「しょうちしないぞ」という所は、すごく強い言い方で絶対都に行くぞとよひょうが決心をしっかり決めたと思う。なぜよひょうは都につられてつうの約束を破ったのか。つうは心が広いからもう織らないと約束したし、そんなことを言わないほうがいいと思っている。

堀田　よひょうは、人が変わったようになったみたいと思った。つうはすごくショックを受けていると思った。よひょうはほんとはこんなことは言いたくなかったのかなと

山田　思った。つうは織ってあげるのか、それともことわるのかなと思いました。
山田　よひょうはつうのことをものすごく、ものすごく心配していると思う。だけどつうはよひょうのことを悪く思っていると思いました。この場面はよひょうはつうの約束を破ったことが書いてあると思いました。
T　いよいよつうはどうなっていくのか。次の時間、勉強しましょう。

以上で授業が終わりました。三十七人中二十七人が発表しました。最後に書いた感想は次の時間に文集に載せて読み合って学習しました。全員発言はできませんでしたが、子どもたちは一つ一つの言葉からイメージをふくらませ、かなり発言するようになりました。すばらしい教材はよい読みを生みだすといえます（十分深まったとはいえませんが）。子どもたちの発言をどう引き出すかという点で、発問がこの教材にしかないオリジナルな発問かということと、書きこみの発表を促すだけに終わっている点は今後の課題です。教材分析と教材解釈をもっと深め、文学を学習する集団をどう高めていくかという問題をより研究していきたいと思います。集団の質を高めるというのは独自の教育課題がいります。このことを強めつつ文学を文学として読む中で人間の見方を深める、ある意味での内面の充実を同時に追求していきたいと思います。

子どもの感想について

一時間ごとの終わりに書いた感想は一枚文集にして読み合いました。最後の感想は題を子どもたちに考えさせて書かせてみました。まとめとしてその感想を読み合いました。すべての感想を何らかの形で交流できるようにしましたが、ここでは初めの感想と終わりの感想とを比べてみて、子どもたちがこの作品をどう読んでいったのか考えてみます。

つうとよひょうの二人の価値観のすれちがいから生みだされたこの悲劇に対して、あくまでよひょうとつうを信頼して読もうとした子どもたちの読みに私は驚きました。ひいきのひきたおしになりますが、単純によひょうを悪者、つうを善玉と読まずに、あくまで二人がつながることを願って読んだ子どもたちの読みに学ばされることが多かったです。次の坂口清子の《つうの広い心》は人間に対するあたたかい目が貫かれていると思います。

つうの広い心　坂口清子

わたしは『夕鶴』という題を聞いて『つるのおんがえし』とよくにていると予想しました。でもじっさい読んでみるとにている所はあったけれど、ちがう所の方が、多かったです。

わたしは、『夕鶴』を読んで、つうとよひょうは、本当にあいしあっていたんだなと思いました。

けれどと中で、そうどや運ずに、じゃまをされてよひょうはやさしい心の広いよひょうだったのが、よくぶかなよひょうに変わってしまった。そんなよひょうを書いてあるところを読んで、もしわたしがつうだったら、そうどやうんずに、はらをたてると思います。でもつうは、やさしい広い心でゆるしてあげた。

そして、よひょうがつうとの約束（布を織らない）をやぶった時つうは、気ちがいのようになった。わたしは、この時のつうの気持ちがわかります。

そして、つうが布を織ろうと決心した時、つうは、どんな気持ちだったかな。もしわたしに布を織れと言っても、家を出て、布を織らないと思いました。それだけつうの心は、やさしくて、広い広い心だと思いました。

そして、よひょうが機織り部屋をのぞいた時つるが一わいました。わたしはこれは、つうだと思いました。

よひょうがそうどと運ずに何かあるとか、つうにのぞいてはだめとなんども言われて、ついにのぞいてしまった。でもわたしは、よひょうの気持がわかりました。

つうがよひょうに、「この布は、いつもより心をこめて織ったんだから、大事にとっておくのよ。あたしだと思っていつまでもたいせつに持っていてよ」と言った時、のぞいたことは、ゆるすけれど、最後の願いだからという感じで心をこめて言ったと思いました。

つうが、つるに化わって、飛んでいく時、悲しげに飛んで行くすがたが目にうかびました。そして、この話は、『よひょうと、つうの間に何が起こったか』書いてあると思う。よひょうのあやまちを広い心でゆるしてあげたつうは、やさしいと思いました。

劇・夕鶴へ

この作品を学習した後、四年生のお別れ会として劇「夕鶴」に取り組みました。長文の戯曲だったので、一部手直しをしました。短期間の練習にもかかわらず子どもたちは必死にセリフを覚えました。特につうやよひょうになった子どもたちの熱演は見事でした。そうど、うんず、子どもたち、ナレーター、大道具、照明それぞれの役割を協力してやりきりました。いくつかの課題はありますが、大きな声で精一杯表現するという目標はほぼ達成できて子どもたちも満足していました。参観に来ていただいたお母さんお父さんたちから「よくこんな長いセリフを覚えましたね」「四年として一生懸命でしたね」等の感想が出され好評でした。

終わりに

文学を文学として読むことの大切さが繰り返し強調されているのに、いつのまにか「同和的視点」で読むとか、道徳教育の道具に使おうとする動きが出てきています。私の拙い実践はそれらの問題を考えながら、現在思っていること、考えていることを精一杯まとめてみました。職場の重点研究、学年の仲間から学んだことが大きいです。ただ、なにぶんにも一人よがりで集団的な検討を経ていないのでいろいろな角度から分析してもらって、教えてもらいたいと思います。そして、一歩一歩進んでいきたいです。

（一九八八・三・三一　京都府長岡京市長岡第九小学校）

【初出】『どの子も伸びる』1992年10月号、どの子も伸びる研究会

4 やさしく深く見る眼を　子どもにつけたい学力とは

教育の質を示すものは

四月、京都にある公立高校の入学式では、ほとんどの学校で次のような話がされています。「昨年の我が校の国・公立大学の合格者は○人、私立大学は○人……です」（要旨）。現役で何人の生徒が、大学に進学したかがその学校の値うち（？）を示すようになっています。

小学校の四・六年に実施される学力診断テスト。平均点がどれくらいあがったか、その

結果が毎年夏の教職員研修で競うように報告されています。その点数が学校・教師の力量を示すかのように……。

新学力観、総合的な時間が大切とはいいながらも結局のところは、競争の教育の到達度、最終的には進学率を重視しているというのが本音のようです。

それぞれが考える「子どもの学力」とは

父母にとっての子どもの学力

自ら考え、自ら学ぶ学力が大切という教育改革の美辞麗句をそのまま信じている人は少ないと思います。多くの庶民にとって、学力が高いというひとつの判断は、一定のテストの結果がいいとか、大学進学率がいいかどうかというだけでなく（全く無意味ということではない）読む、書く、計算するという基礎的な力と、人間的な人格が備わっているというところに基準があるのではないでしょうか。

子どもにとっての学力

子どもたちにとって「あいつは頭がいい。よくできる」という基準のひとつは、もちろん各種の試験の結果がいいということも入っていますが、自分の言葉で話せる、言葉をよく知っている、言葉数が豊富、先の見通しをもって行動する、論理的に考えるなどが考えられます。

それにはたんに、塾や予備校に行っているから試験の点数がいいという範囲だけでなく、子どもたちなりの直感的な判断力があるように思います。

現場の教職員にとっての学力

教科の学習のあとのテストで、一定の点数がとれる。すべてとはいえなくても八割ぐらいは理解してほしいと誰でも願うのではないでしょうか。それは、人をけおとしたり、人に負けないという競争の教育ではなくて、おたがいに励ましあい助けあう中で、一定の到達をしてほしいという願いです。

総合学習を否定するものではありませんが、その際に総合的な時間に活路があったり、学力観の転換に救いがあるとは思いません。

人類の環境問題、政治の問題、思春期の性の問題などに、現代の子どもたちは敏感に反応するし、学習を求めています。しかし、だからといっていままで人類が作りあげてきた価値、教材、すべてが否定されるものではないのです。もちろん学ぶ教材が多すぎるという問題がありますが、現在まで民間教育研究運動でためされてきた教材や授業のていねいな吟味が大切だと考えています。

機械的に計算を何百回やるとか、漢字を何十回書くということをすれば基礎的な学力がつくとは思いませんが、一定の基礎学力がなくては、人類の根源的な問題を考えるにしても深い考察はできないと思うのです。

私の立場は、競争の教育を肯定するのではなく、ともに学び、教えあうということを前提にしながら学ぶ意欲を大切にし、一定の試験の結果もいいというものです。

教育行政、父母、子ども、現場の教職員の考える学力観というのは微妙に違いますが、あえてこの問いに答えを出すとすると、やはり子どもの学力は低下していると思います。

国語の文学で、形象を深め自分の読みを発言する、作文でひとまとまりの文を自分の言葉で書くことができる、社会で資料を調べ、まとめ、歴史のできごとが起こった原因をさぐっていく、理科の実験で仮説をたて、結果をまとめていく、算数の立体の体積を様々な方法で求積していく等々、それぞれの教科には独自の構造がありますが、以上のような力がついているかどうかという点を考えると低下していると言えます。

その原因として考えられるもの

複合的に様々な要因が考えられますが、一つは、多すぎる学習内容が、勉強がわからないという客観的な要因を拡大していること。

二つめは、少子化の影響で大学や高校がある程度の人数を確保しなければならないために、推薦制や試験科目が減少し、受験のためだけの学習に片寄ることによりトータルに学ぶ機会が失われていること。

三つめに学ぶ意欲とかかわって、子どもたちの体と心が変化していること。早くから個室が与えられ、テレビや音楽などを聞いて夜、寝るのが遅くなり、塾や習いごとで生活がスケジュール化され、自由に体を動かして遊ぶことが欠如しています。その結果、大脳の刺激も含め体そのものが学ぶ前提を作りあげていないことが考えられます。

もちろんこの三点以外にもいくつかの理由が考えられますが、こうした要因が、子どもたちの学力低下に大きく影響していると思います。

やさしく人間をみつめながら

子どもたちにどのような力をつけていきたいのか、文学の実践を例として考えてみます。浅田君は六年生です。彼は五年生の時、少しのことで感情が切れてしまい、教室を飛びだしたり、暴言を繰り返し、人間関係をうまく作れませんでした。六年生になり、少しおだやかになりましたが、時々、思うようにいかないと感情的に話すため敬遠されるようになりました。しかし、その一方で無類の動物好きで飼育当番などは実にまめまめしく世話をしてくれました。

宮沢賢治の『注文の多い料理店』を学習した時に最初に彼が書いた感想です。

紳士の悪い所が出ている。山猫軒というレストランが見つかった時は、二人の紳士は天のたすけと思ったのだろう。しかし、食べることばかり考えるとは、家のネコと同じだ。

ネコ好きの浅田君らしい文です。授業の最後の感想文では、こう書いていました。

現実の幻想

この『注文の多い料理店』を読んではじめに思ったのは、この二人の紳士は、狩人となった気分でいるが、口ばっかりの欲ばりだと思った。

この時の二人は、犬が死んでも金のことしか気にせず、射撃の達人でもないのにえらそうに「シカの腹に、二・三発ぶっぱなしたら」なんて言ってるなんて、正直バカだと思う。それに自己中心だと思う。

あげくのはてに腹へったとか、帰りたいとか言っている。それなら登らないほうがいいと思う。

ふと後を見ると大きなレストランがあったなんてことは普通ないはずだ。

それでもプラスに考える紳士たち。調子にのって入ってしまった。そのへんが、この二人のわるいところだ。

そこから相手のネコにのせられて自分が食べられる状態を作りあげられているのをしらずクリームをぬったり、たべられない金物などをとらされている。

結局、手おくれになったところで気がついた。それで二人は泣くしかなくなってしまった。それも自分が悪い。そのときやってきたのが死んだはずの白い犬。

この時、犬をかっていなかったら、二人の紳士は、まっ白の皿になっぱなどととりあわされてサラダになっていただろう。その瞬間、レストランが消えた時、二人は意味がわからなかっただろう。これまでのことは、欲ばりだったこと、犬を生き物としてみなかったこと、なんでもプラス思考にすること、自己中心なことを神の天のさばきなのかもしれない。紳士はなんだかわからないかもしれないけど幻想と思っているかもしれないけど現実におこった幻想なのだろう。

彼は自分の興味のあること以外には、ほとんど関心を示しませんでしたが、クラスの仲間が急に転校することになった時に、つぎのようなメッセージを書いていました。

泣いたり笑ったりスネたり、その全てを大事にしてください。笑顔を忘れずに（略）。

文学を文学として読むなかで、自分の言葉で考え読みを深める力がついていきます。やさしく人間をみつめ、たくましく前向きに悩みながらも生きていく子どもたちを育てていく。文学の学習はそんな力を持っています。

地道な取り組みをあせらずに楽しく続けていきたいと思っています。子どもたちとともに楽しめる授業を模索しながら……。

【初出】『現代と教育』２０００年48号、桐書房

5 学校づくりの中で

（1）入学する一年生へ　小学校入学を前にして

——新一年生をお持ちのお父さん・お母さんへ

四月、お子さんが小学校に入学されるお父さん・お母さん、おめでとうございます。

入学を前にして、ランドセルを買われたり、学校生活の楽しいイメージに期待をいっぱ

いふくらませておられることと思います。同時に様々な情報から不安も抱えておられることと思います。小学校入学を前にして大切にしてほしいことをいくつか書いてみます。

「はやく　べんきょうしよう」

学校に入学すると子どもたちは目をきらきらさせて「せんせい、ぼく字かけるで」「けいさんできるよ」と嬉しそうに話してきます。学校めぐりや教室のきまりを教えていると「はやく　べんきょう教えて」とせがんできます。

早期教育。「○さいでは遅すぎます」などの宣伝から、学校の勉強についていけるかなと不安をいっぱいもっておられることと思います。「ひらがなはすらすら読めて簡単な計算ができてないと」などのあせりから子どもたちを叱咤激励することは禁物です。

自分の名前は読めて書けるということを入学までにされているといいと思いますが、無理やり書くことを強制したり計算練習させたりすることは、入学してからの意欲がしぼんでしまいます。確かに幼稚園や保育所の体験から字を読んだり書いたり計算したりの違いはありますが、大事なことは子どもたちに字や数に興味をもたせることです。絵本の読みきかせや、お風呂にはいった時の数えっこなど、自然な形でされるのが一番です。あまり他の子とわが子を比べてみないことです。

「友達いっぱいつくろうよ」

学校生活で友達ができるかな、うちの子はひとりぼっちにならないかということも不安に思われているかもしれません。よく遊び、よく体を動かすことが一番です。

どの子も友達がほしいと思っています。ただお父さん、お母さんの子ども時代よりさらに体を動かすことよりゲームが全盛の時代です。汗を流して遊ぶことの楽しさを是非、家族で体験して下さい。よく遊ぶ子どもはいろいろな面で伸びます。

そしてお父さん、お母さんも学校で友達をたくさんつくって下さい。わが子のことを気楽に話せる友達づくりです。そして担任の先生とよく話して仲良くなって下さい。

一人でいるのが好きな子もいるし、たくさんの子とワイワイ話すのが好きな子、タイプは様々ですが、遊ぶことはどの子も大好きです。遊びの中で友達関係のいろいろなルールを学んでいきますよ。

早寝、早起きは大事だけど

昔から「早寝早起きは三文の徳」といわれています。確かにその通りで、生活リズムを規則正しくすることは大切です。けれど学校から帰ってきた子どもたちを追い立てるように食事、風呂、睡眠と動かすのでなく、ゆったりと子どもたちと会話する時間をとって下さい。「～時までに寝かす」「排便は毎日できているか」というめやすは大事ですが子どもたちの実態をぬきにせかすことがないようにしたいものです。

学校での喜びや楽しみ、時には悲しいことをお父さんやお母さんにいっぱい話したいし聞いてもらいたいのが子どもたちです。それも親の忙しい時にかぎって「あのな、お母さん～お父さん～」と話しかけてくるものです。なかなか難しいことですが聞きじょうずになることを親としてこころがけたいものです（私の場合はわが子の話を聞くより自分が喋りまくっていたのでえらそうなことは言えませんが）。

自分の子ども時代を思い出して

とにかく小学校に入学するからといって急にわが子に接する態度を変えるというのでなく、あせらずあわてず自然体で接して下さい。

自分自身の小学校一年生の姿を常に思い出すようにしてわが子に接すると、自分がわが子よりすぐれた面はすぐわかると思いますが、自分にないわが子のすぐれた姿も発見できるはずです。ご自身の親に自分の子どもの頃を聞かれてみてわが子を見てみるとわが子のいとおしさがまた発見できると思います。

お父さん、お母さん、四月の入学式のとっておきのニュースをまたいつか聞かせて下さいね。

【初出】『赤旗日曜版』２０１１年3月13日号

（2）担任発表の緊張

四月、始業式。どの子も期待に胸ふくらませて学校に登校します。教師もまた、今年、担任する子どもたちとのはじめての出会いの日であり、いくつになっても緊張する瞬間です。

子どもたちは、学年が変わり、誰と一緒の学級になるのか、どんな先生が担任になるのか、この二つのことが最大の関心事で、校長先生がどんなに面白い、格調高い話をされても全く頭にはいりません。学校によってやりかたが違うでしょうが担任発表の瞬間は一番シーンとする時でもあります。

クラス替え

以前なら多くの学校では、大体、低学年、中学年、高学年と二年間で学級も担任も変わるというシステムが大半でした。もちろん、教師の転勤や様々な事情などで二年間、同じ担任ということにならないということはありました。ここ数年、多くの小学校で、「教師は一年間が勝負です。毎年、学級も担任も変わってもらいます」

こうした言葉がまことしやかに語られるようになり、一年ごとにクラス替え担任替えが当たり前のようになってきました。

背景として学級がうまくいかなくなっても一年で変わることができる、父母の要求も多様になってきたので、毎年、変化があるほうがニーズにあうという主張があげられます。

もちろん二年間もったから、子どもたちや父母との関係が安定するという保証はありません。長い子どもたちの人生の一部分ですから、子どもたちが一年や二年ですぐ変わるというのはおこがましい話です。

しかし、機械的に一年ごとに毎年変わることを絶対化することに対して慎重に対処することが大切です。

子どもによっては、同じ担任が二年間もったり、同じ学級で二年間すごすほうが安定する場合があります。

教師にとっても、子どもたちの理解や父母との関係で深く考えられるようになる側面もあります。その地域、学年の状況にしたがって柔軟に考えることが大事ではないでしょうか。

まちがえました

五年生を担任するようになった時、今西さんという子どもからも父母からも絶対的な人気をもっておられた、少し、私より若い方とペアで受け持つことになりました。

学校長が担任発表をする時、私が二組で今西さんが一組を担任することに決まっていたのですが、校長が何か勘ちがいして、

「五年一組、吉益先生、二組が今西先生」と言われました。

今西先生と言われた時の歓声の大きかったこと。子どもたちは大喜びでした。

私があわてて、校長にまちがいをただすと、校長が、

「まちがえました。一組が今西先生、二組が吉益先生です」

と、訂正されました。すると私が一組と言われてパラパラとした拍手だったのに、今西さんと訂正されたとたん、一組の子どもたちのわれんばかりの拍手と歓声。逆にあんなに反応の大きかった二組の子どもたちは、

（エー、がっかり）と明らかに落胆の表情でした。

最初のクラス懇談会で、このことをお母さんたちに話すと、

「いや、うちの子は小さな拍手をしてたそうです」

と、慰めて下さいました。

それから五年六年と二年間担任したのですが、今でも、お母さんや当時の子どもたちと時々、集まることがあります。

四月、若い先生たちの担任発表の時は、また大きな歓声があがることだと思います。それぞれに、いいスタートを。

【初出】『教育』2012年4月号

（3）新しい教科書をみてみると

この四月から指導要領の本格実施ということで、小学校の現場では一斉に新しい教科書が導入されました。

カラーの写真がふんだんに導入された新しい教科書、どれもが以前より分厚くなっています。特に算数、国語は一学期にどこの学校でも、いわゆる時間数の計画通りに実施することに四苦八苦したと思われます。

国語の場合は、パンフレット作りや写真比べなどの操作的な作業が増え、読まない文学教育、書かない作文教育が横行しています。時間数という呪縛のもとで。

読み合う中で

『走れ』（作・村中李衣）という文学作品の学習をした時です。運動会の時の話で、母、姉、弟の三人家族。弟思いの姉（主人公）は運動が苦手でいつも徒競走は最下位。弟は運動が得意で運動会の花形。母は一人で弁当屋さんをしておられるのだが忙しくてなかなか運動会を見に行けない、その日は特製のお弁当を作って、やっと見に行けたのだが、弟は走ったあと。母の特製弁当を見てもすねて、いじける、それをとりもつ姉。その間に自分の出番がきて、結果を予想して、ますます走れなくなっているそんな姉の葛藤を描いた話です。

ちょうど四年生の子どもたちにはピッタリ、心情にマッチする作品なのです。

お母さんが仕事でいつも参観日になかなかこられない、私の学級の一郎君は、弟が母にやつあたりする場面を読んで、

「つい、言ってしまったんや」と発言します。それを受けて真理さんは「私も弟の気持ちがわかります。でも、お母さんつらいなあ」と発言しました。

一郎君の顔が笑顔になります。

文学の学習は言葉や文から想像したことを自分の言葉で発言して、それをお互いに聞き合い、また読みを深める所に面白さ、楽しさがあります。そして友達の読みを聞き合う中で友達に対する見方もまた深まっていくのです。

しかし、あまり時間をかけずに、紙芝居を作ったり、物語の続きを考える、ワークシートに書き込むという作業が大流行です。すべてが無駄とはいえませんが、子どもたちに言葉の力をつけるためには、やはり文学を文学として読むという原則は大事にしたいと思います。自分の読みを友達の読みを聞きながら深めていくという楽しさです。

教科書を研究する

今、小学校では自分たちの使う教科書を現場の意見を反映して選ぶということができなくなっています。誰かがどこかで決めた教科書を使わねばなりません。その中で、何をどのように、何のために教えていくのかを、学級だけでなく可能な限り学年で、サークルで研究していくことが大事です。

そして、実際の授業をする中で、教材の吟味をして意見をまとめていくことが大切ではないでしょうか。

この教科書が導入されるにあたって、「すべてのページを教えることはないのです」とか、「できる子にはそれなりに、できない子にはそこそこに」などということを声高に叫んでいる人たちもいます。

私たちは、好きなことを言って、うそぶいている人たちに、言わせっぱなしにしないで、子どもたちに力をつけるためには、どの教材に力を集中するのか現場の中でしたためた蓄積と知恵で、しなやかに実践していくことが必要ではないかと思います。

「どっこい、好きなことだけ言わせまへんで」と。ぼちぼちと、しぶとく。

【初出】『教育』２０１１年11月号

（４）読み聞かせは至福の時間

絵本の読み聞かせ

最近、どこの学校でも読書の取り組みが強調され、朝の読書とか昼の読書タイムを一日の学校生活の中に組みいれるようになりました。それ自体は悪いことではありませんが、本を読むことが好きでもきらいでも一斉に、その時間は子どもたちにとって本を読む時間なのです。これは計算と漢字の練習といった基礎学力定着の一貫のようになっています。

本当に本を読むことの面白さを知ったり、好きな作家やお気に入りの本ができたり、いつも読みかけの本がある生活になるのとは少し違うように思います。

私の勤務している学校はこうした読書タイムもあるのですが、週一回の読書の時間があります。図書室に行って好きな本を借りるのですが、その前に司書の小林さんがいつも一冊から二冊の絵本を読んで下さいます。

まど・みちお『おさるがふねをかきました』、岩崎京子『たにし長者』、デビッド・マッキー『エルマーとウイルバー』など昔からある本から最新の本まで様々なジャンルの絵本を紹介されます。

子どもたちが、なかなか集中しなくても、大きな声を出されるのでなく「いい。読むよー」と言って、ゆっくりゆっくり読み聞かせをされます。やかましかった子どもたちもいつしか作品の中に浸っていき「あぶないよ」「びっくりしたー」と声を出して主人公になりきっていきます。そのたびに小林先生は「こわかったなあ」とか「さて、これは誰でしょう」とかニコニコしながら相槌をうたれて本を読んでいかれます。

「おしまい」と言われると子どもたちは拍手をしています。

そのなんともいえないここちよい瞬間がとても素敵なのです。

ゆったりと、ここちよく

小さい頃に読んでもらった本や昔話は大人になっても覚えています。話の面白さや楽しさが一番なのですが、その空間と時間がここちよかったからだと思うのです。学校の中の絵本の読み聞かせも大人と一緒にすごしたそうした体験と同じではないでしょうか。私が「どこで、その絵本を選ばれるのですか」と小林さんに聞くと「私が読んでみて面白いなと思ったもので、特に基準はないのですよ」

さりげなく、ニコニコして話しておられました。何冊読んだとか、何分間、集中したとかいう「しばり」はありません。私の学年（三年）の有志のお母さんたちも一年の頃から、小林さんと同じように、好きな本を子どもたちに読み聞かせをして下さいます。お母さん自身の思い出に残る絵本、読んで楽しかった本を同じように選んで読まれています。「今日は子どもたちの反応がよかったです」「ちょっと、むずかしかったかなあ」読まれたあとに、いつもそんな話をされています。

月曜日と金曜日が楽しみやわあ

子どもたちに、読み聞かせの感想を聞いてみると、

「ほっとする時間です」「わくわくします。月曜日がまちどおしいです」

「今日はお母さん、くる？」

月曜日が小林先生の読み聞かせ、金曜日がお母さんたちの読み聞かせなのです。私はといえば金曜日は「明日は休みや」と心の中で思っていますし、月曜日の前の日曜日「サザエさん」のテレビの主題歌が聞こえてくる頃になると、気持ちが落ち込んでくるのです。子どもたちは休日に関係なく金曜日と月曜日が楽しみなのです。

【初出】『教育』２０１１年3月号

（5）沈黙の職員会議

私が教員になった頃、職員会議といえば、校長が話し、それに続いて様々な教師がいろいろな角度から話をし、喧々諤々の意見が交わされたものです。（あんなふうに発言できたらいいなあ）（あの意見は勉強になったなあ）といろいろ思いました。そしていつしか自分も発言できるようになりました。

今は、たいてい校長の指示事項ということで、校長が一方的に話して、場合によってはペーパーにしたものを説明して終わります。場合によっては「質問は一切受けつけません。校長指示です」と強弁する校長もいます。

だんだんと職員会議は沈黙の時間、もしくは睡眠の時間になりました。発言する人はほとんどいません。授業でも教師が一方的に喋るだけのものは子どもたちの確かな認識になりません。様々な意見が出てこそ、盛り上がるし楽しくなるのです。職員会議も同じだと思うのですがどうでしょうか。

私が校長でいるかぎり

なぜ、こんなことになったのでしょうか。校長によって違いますが、どんなに意見が出ても、誰がみても正論と思われるものでも、「いろいろ意見が出ましたが、私が校長ですから従ってもらいます」と最後には強弁する人が増えてきました。

例えば通知票の所見をパソコンで書いてもいいということになっていても、校長が変わったとたん、「必ず手書きでお願いします」と言ったり、校内研修で講師の方が決まっていても自分が気にいらないと、「時間がないのでおことわりします」などと、自分の思い、感情だけを優先して多くの職員の意見を無視していきます。そこには論理的な説明も道理もありません。

「校長が変われば学校が変わります」。意味のないスローガンだけかかげても、信頼の糸で教職員はつながっていきません。そこには、「あの校長に何を言っても聞く耳をもたない、話してもしかたがない」という無力感だけが増大します。

そうすると、本来、学ぶべきはずの職員会議が形式的な時間だけになり、（早く終わればいい）という思いから、沈黙と睡眠が横行するのです。校長に何も反論しないで、ただ黙々と言われたことを遂行することが処世の術のようになってしまいます。

もちろん、最終的に学校長が責任を持つということ、最終判断に教育的識見をはたすということは大事なことです。そこには思想、信条、意見の違う学校現場に集まった教職員をまとめていく高い人間的力量が必要とされると思います。どんな組織も何も意見の言わないイエスマンの集まりでは活気が生まれません。私が教師になった頃の校長の決めセリフは、「最後はわしが責任を持つ」でした。今は「私に従うことがあなたたちを守ることになります」に変わってきました。

国会質問のように

もちろん、厳しい現場の中でも一人一人の教職員を大切にして学校づくりに奮闘される校長はたくさんおられます。もう、すでに退職された校長ですが、いろいろ意見が分かれた時によく私に話されたことがありました。

「吉益君、君の意見と僕の意見は立場も違うし賛成はできない。君はすぐに僕の意見に反対ばかりする。もっと僕に質問するような意見を言ってくれんか」

「校長先生、なんか国会質問みたいですね」

「そうや、上手な質問をして一致点を探すんや、もっと勉強しいや」

以来、できるだけ立場の違う校長の意見もまず認め、いくつか質問をして、答弁の中のいくつかをできるだけみんなに還元できるように努力しているつもりです。でも同僚からは、

「吉益さん、今日の会議は黙っときや。終わってから◯つけや仕事がいっぱいたまってるしな。あんたが話すと会議が長くなるしな」

なかなか質問上手な簡潔な意見は、いつまでたっても言えてないようです。

【初出】『教育』２０１２年３月号

(6) 学校アンケートの泣き笑い

最近、どこの学校でも一年に数回、学校アンケートを実施するようになりました。内容

は学校によって違いますが、「学校は、子どもの安全を守る努力をしていますか」「学校は読書環境を整えていますか」という学校が主語の文と、そのあとに、「先生は授業規律を大切にしていますか」「先生は、一人ひとりを大切にしていますか」という主語が先生になっている項目がならびます。学校アンケートなのですから、すべて主語を学校にすればいいのですが、そうはなっていないのです。しかも兄弟がいれば一家族一枚でいいのに別々に分けてアンケートを実施するのです。「先生評価ではありませんから」といつも管理職は説明しますが、結局のところ教師評価なのです。開かれた学校、情報公開に大切とスローガンはいいのですが、本当に必要なものでしょうか。

「お母さん　そんなにご不満ですか」

私の勤務する学校もこうしたアンケートを実施して、それを集約して学校だよりにまとめて発表するという作業を毎回実施しています。

ひとつひとつの項目に対して（1、そう思う）（2、ややそう思う）（3、あまり思わない）（4、全く思わない）（5、わからない）の5段階で評価するようになっています。

授業規律？という項目ひとつをとっても「よくできている」と答える方も「全くできていない」と答える方も、それぞれです。一喜一憂したらきりがありません。

毎回の結果がすべて（4、全く思わない）に○をされているお母さんがありました。家庭訪問の時にお母さんに、

「お母さん、アンケートの結果がいつもきびしいのですが不満に思っていることがあったら直接話して下さい」

と言うと不思議そうな顔をされ、

「エー先生、いいのが4と思ってました。逆なんですね?!」

と言われました。こうした勘違いもあるので、以来アンケート記入は数字に○でなく、「そう思う」「あまり思わない」などの言葉に○をするようになりました。

最近はアンケートに名前を書いてもらうようになりましたが、名前を書かずに提出してもらった頃は、こんなことを書かれるのかと思うほどの暴言が書かれたりしていました。いずれにせよ読む側にとってアンケートを見て元気になることはあまりないように思えます。

「授業を工夫してるとは思いません」と、厳しい声

アンケートはなかなか終了するようにはならないようです。「気分が悪くなるからもう見ない、気にしない」多くの教師が答えています。

今回は授業が楽しくできた時が多かったと自分では思っていても、「授業を工夫しているとあまり思いません」と答える方は当然おられます。

あまりみんなと遊ばない子がよく遊ぶようになったので喜んでいたら、その子のもってきたアンケートには、

「一人ひとりを大切にしているとは思いません」と書いてありました。

父母のわが子に力をつけてほしい、大事にしてほしいという強い願いはよくわかります。けれど、それを読むと書かれたほうは落ち込んでしまいます。

不満や批判だけのアンケートでなく、いい所を書くようなアンケートにしてもらえばいいのですが。何よりもこうした「一方的」なアンケートでなく、父母と教師がきさくに話し合える場を増やすことが大事だと思うのですが。

一人だけで心にしまっておくのは、もったいない？ので、職員室で私は、大きな声で「学力をつけてません、一人ひとりを大事にしてませんと書いたお母さんとこれから懇談や」とみんなに聞こえるように言いまくります。隣で若い先生がくすくす笑っていました。

【初出】『教育』２０１２年１月号

（7）若い先生の涙

一年間に学校行事がいくつかあります。子どもたちも父母も楽しみにしています。体育大会、合唱コンクール、学芸会、名前は様々ですが、その学校、地域の中で伝統となっているものが必ずありました。しかし、最近は「学習時間の確保」という名目から、どんどん削られています。秋の行事の代名詞だった体育大会も十月におこなわれていたものが、二学期の始まった九月の中旬におこなわれ、連日の猛暑の中、練習が続けられ、子どもたちが熱中症で倒れても強行されるという事態が起きています。一方で、行事の精選を叫ぶのに、〇〇大会という他校との競争を競う大会は「子どものため」というおかしな題目で祭日や休日にどんどん計画され実行されています。

体育大会の中で

二年目の二宮先生はサッカーが上手なスポーツマン。子どもたちに人気の若い男性教師です。

高学年を担任され毎日奮闘されていますが、思春期の女子との人間関係で悩んでおられました。そのたびに学級で話し合いをもたれ、学年や学校全体に報告され頑張っていました。

いつも笑顔をたやさず、冷静でよく気がつく青年です。その彼が体育大会の午前の部が終わった時、目を真っ赤にして涙を流していました。

事情を聞くと、午前の最後のプログラムの全員リレーで最下位になったため、その原因をめぐって女子全体が口論になり、みんなが泣き出し収拾がつかなくなったというのです。

（リレーに負けただけでクラスがバラバラになる、午後の組体操がこれでは失敗する）そう思うと頭の中が真っ白になりどうしたらいいかわからなくなったようです。二宮さんは学年の先生に励まされ、そのまま泣きながら子どもたちに訴えたそうです。

「先生もどうしたらいいかわからない。でもこのままみんながバラバラになるのはいやだし、最後のプログラムの組体操、なんとか成功させ、またクラスでまとまろう」

その涙の訴えに子どもたちは昼休みを返上して練習したそうです。

大成功の組体操

体育大会最後のプログラム、六年生の組体操、朝礼台の上で二宮さんは、いつものように冷静に子どもたちを見守り、音楽にあわせ、笛を吹いていきます。

最後の演目のクラスごとの四段タワー。ゆっくり、ゆっくり、子どもたちの人垣ができていきます。二宮さんの笛が鳴りひびきます。

すべてのクラスのタワーが成功しました。会場の拍手が鳴り止みません。

子どもたちの晴れやかな顔。満足にあふれています。

ふと、二宮さんの方を見ると、彼は朝礼台の上で、人目をはばからず泣いています。涙があふれています。

見ているものも、もらい泣きしました。

その夜の体育大会の打ち上げの時、彼は、

「今日は取り乱してすみません、なんとか終わることができました。僕は今日の体育大会を忘れることはないと思います」

と、いつものように落ち着いて話しました。またまた大きな拍手です。

二宮さんは、やっぱり素敵な青年教師です。

小さなドラマ

体育大会の小さな出来事です。二宮さんは、また苦労しながら子どもたちとぶつかっていくことと思います。

学校行事は、いつもうまくいくとは限りません。むしろ失敗や子どもと教師のギクシャクした関係が生まれる要素もあります。

それでも小さなドラマが起こり、そこから新たなエネルギーが生まれる大切な瞬間でもあります。

「特色ある学校づくり」は、日常のその学校、地域に根ざした行事の中にこそ宝庫があると思います。

【初出】『教育』２０１２年２月号

第4章

「不当人事」攻撃の嵐の中で

教職員組合の活動の中心として保護者と共に学ぶ教育講演会の活動を毎年続けていました。その時の経験をまとめた論文「**父母とともに学ぶ教育講演会**」が一九九一年八月号の『教育』に連載されました。

この私の拙文が乙訓の長岡京市議会において名指しで攻撃されることになりました。私の拙文は保護者・教職員で一〇〇〇名の参加で教育講演会を開催することができたという内容のものです。それに対して市議会で「事実をねじ曲げ、ふるさと郷土のイメージダウン、……全国誌に載せたということは許しがたい、教職員にあるまじき行為」という論調でした。

「乙訓の教職員はマフィアである」

「乙訓の先生は悪い先生が多いです」

「悩んだりしたら、悪い先生たちに相談しないで。まっさきに校長に相談して下さい」

当時の教育委員会の発言です。「こんなことは話してない。事実無根のうそを述べている」

教育講演会の宣伝にすて看板を街にたてていきました。そうした行為は町の景観をこわす。議会での攻撃、校長からの匿名の方からの意見という指導、まさに同じようなことが言われました。同じ頃「子どもが主人公の学校づくり」という組合の学習会で話をすることになりました。そうすると「指導要領に反対したり、君が代・日の丸に反対することはやめてもらいたい」と匿名の方からの意見だといわれ「指導」されました。

その後、教育長が学校に「おしのび」で訪問され、なぜか私に会いたいといわれ、校長室で二時間にもおよぶ「聞き取り」が行われました。教育長は行政のトップとして「論文に何を書くか、それは思想、信条の自由の立場から問題はない」という毅然とした態度をとられていました。そのことを私がただすと、

「本人に会ってもいないのにどうするのかといろいろ問われているのでこうして聞いている」

そして最後に「今後、人事のこともあるのでどうなるか」という話で終わりました。

教育行政の民主的なありかたを巡って「不当人事反対」の戦いが教職員組合、保護者、市民との共同で組織され広がりました。教職員組合での報告、雑誌『教育』の論文、手記の三つを紹介します。

❶ 共に学ぶ教育講演会

子どもをどう見るのか

三点にわたって報告します。まず初めに子どもをめぐる情勢です。臨教審（臨時教育審議会）、新指導要領のもとで、子どもたちはますます息苦しくなっています。とりわけ子どもたちの「荒れ」は私たちが今まで経験した尺度でははかれない深刻さを増してきています。中学生の「問題行動」、小学校高学年の「荒れ」、小学校低学年からの「登校拒否」の傾向など、私たちの血のにじむような努力で一定食い止めてはいるものの、ますます厳しくなっています。

かつてロシア革命を前にした帝政ロシアにおける子どもの自殺の増加を論じたクループスカヤはその著「生徒間の自殺と自由労働学校」のなかで、こう述べています。

「子どもたちはひどく不幸であること、かんにん袋の緒をたちきるには、しばしば、ほんのささいな動きで十分であるということ、かれらを人生につなぎとめておけるなにものもないということ、親や教師や友だちにかこまれていながらかれらはひどく孤独であること、周囲のものが子どもの内面の世界に全く関心をはらっておらずかれら自身がとても親しくすることができず、そうするすべもしらないですっかり自分の中に閉じこもり宿なく寄るべなく人きらいになって、うろつき歩き　自分は不要な余計な誰にも無縁な人間であると感じているだけである。」（『国民教育論』一九六六年、明治図書出版、四九頁）

まさに現代の情勢はクループスカヤが述べた点と同じような事態が、豊かさという仮面の中に覆いかぶさっているのではないでしょうか。乙訓でもいくつかの事件が起こっていますが基本は、後の分会の仲間の発言に学ぶことを前提に、このあとの討論でも語られる予定ですのでいくつかの視点を述べて問題提起にしたいと思います。

まず第一は、子どもは「時代の子」だということです。大人以上に子どもたちは現代を敏感に反映します。まさに子どもの中に情勢を見る視点です。

第二に「問題を持つ子ども」にいかに寄り添うかということです。共感しつつ自立を励まし、同時に「普通の子ども」の抱えている問題点の指導もするということです。

そして第三に、責任を全部自分で背負い込まないことです。うまくいくこともあるし、うまくいかないこともあるという判断が大切です。判断が正しく行われているかは、指導が、学年、学級、家庭、地域に開かれているかにかかっているからです。

乙訓の教育情勢

次に二つ目の柱として乙訓における教育情勢の特色について述べたいと思います。その第一は指導主事訪問についてです。ある日突然のように指導主事が招きもしないのに学校に「強制的」に訪問するようになって五年が経ちました。今年はその中でも全体研究会によって校内研究会を持つという新たな段階になっています。すでにいくつかの分会（学校）で「訪問」が行われ、その内容の貧弱さが露呈されていますが、なぜこうした全体研究会を持つようになったのか、そのねらいを正しく分析することが今大切です。一つは私たちが数年来要求していた「勝手にきて一部の者や授業者だけに話をするのでなく堂々と全員の前で教育論議を展開せよ」という要求をのまざるをえなかったという点です。同時にもうひとつの側面は彼らなりのあせりと力の論理で力関係をみながら、一気に伝達講習的な研究会を全員に通達的におろそうという企てです。私たちはこのねらいを正しく見抜き全大会では一方的な指導主事の話に終わらせず、今の子どもの捉え方、指導要領の問題点、教育の方法など正面から論議して教育論議の場に変えていく構えと位置づけで臨み、権力の側の策動を打ち破ることが大切です。

二つ目に週案の問題に触れたいと思います。基本は週案を書き自らの実践を科学的に見通し総括するということと、人に見せるために、例えば校長に提出するというのは別問題だということです。つまり週案を提出するために書いたり、見せる必要はないということです。

一部の突出した管理職は「週案を提出しないのは公務執行妨害だ」などと暴言を述べていますが。自らの点数稼ぎのために週案提出に奔走するのでなく、もっと子どもと教育について正面から考え、わけのわからない会議に出るのでなく、もっと学校にいて、学年会議に出席したり、自ら授業をして学校づくりの先頭にたつことが今こそ必要ではないでしょうか。週案は公簿ではないので、職務命令するということなどできないわけです。私たちは「週案を出さなければあなたたちを守ることはできない」とか「今は出してもらうだけで点検しない」などという言動に惑わされることなく、そのねらい、行政の私たちに対する管理統制の企てを正しく分析して団結を固めることがとりわけ重要です。

今年度の教育運動について

最後の柱として、こうした情勢の中、私たちのこれからの運動をどう進めていくのかという点について述べたいと思います。

先日乙訓の教育と未来を考える会の事務局会議に参加しました。そこで話し合われたことが、「今年は教育共闘組織の輪を広く強いものにしていこう」ということでした。この間の「日の丸、君が代」の理不尽な押し付け攻撃から教職員組合だけで戦うのではなく広く地域の人たち保護者の人たちと共に民主主義の問題で一致点を広げていくことが大切という認識でした。そのために年内を見通して第一人者として六月十六日この向日市民会館で全教議長の増田孝雄さんを招いて「今を生きる子どもたちの未来」と題して、新指導要領のねらい、白紙撤回運動の教訓、この間の「日の丸・君が代」反対の全国的な取り組みをわかりやすく話していただきます。そして乙訓からの二市一町の教育共闘の取り組みも発表してもらって文字通り学習決起集会として位置づけて取り組みます。そのために是非各分会で教育懇談会を保護者とたとえ少人数でも開いて、対等平等に話し合って深めて下さい。

そして秋には例年行っている教育講演会を今年は長岡京の記念文化会館で、一千名入場できる会館を確保しました。十月二十一日（日曜日）坂本泰造さんを招いて開催します。ちょうど教育講演会を開催して十年目にあたります。教育の会と共催で四年目になり、会場も大きいので、教育と文化のつどい的なものにしようと考えています。まだ構想の段階ですが、一部を「ぞうれっしゃがやってきた」の構成合唱をあのステージで行い、二部を坂本さんの講演と考えています。乙訓史上初めて一千名の教育講演会を成功させたいと考えています。

前後して乙訓教研を開催しますので質、量とも充実させるために年内を見通した職場教研を多様に展開して下さい。そして三学期、君が代・日の丸問題での策動は、おそらく今年以上に熾烈さをましてくるものと予想されます。春、夏、秋以降の教育共闘の取り組みのまとめとして、すべての中学校ブロックで教育集会を開催する取り組みを展開しようではありませんか。「君が代・日の丸はいいものだ」という人も含めて、押し付けは反対という世論は圧倒的多数です。NHKでも報道しているわけですから、この深部の力に私たちは確信をもって平和と民主主義を守る立場からこの運動を押し広げていこうと考えています。

そのために新指導要領のねらいや本質を徹底して学習し、私たちの言葉で今の子どもたちの現実にてらして改定のねらいはどこにあるのかを探っていきましょう。どの子も伸びる、どの子も認めてほしいという願いをいかにふみにじるものであるかを多くの人に語っていきましょう。夏の教育講座は昨年に引き続き指導要領批判のディスカッションを計画しています。多いに活用して下さい。

西野教育長（当時）は「子どもが主人公という言葉はなくなった。通用しない、時代錯誤だ（要旨）」と叫び、その言葉に呼応するように乙訓の教育長は「センター研修に参加することが今の事態を変えることになる（要旨）」と語っています。

しかし、組合員のみなさん。悩める子どもたち、もがき苦しむ子どもたち、愛を求めている子どもたちを目の前にしたら、その子どもたちの瞳を輝かしてあげたい、その子どもたちに寄り添い明るい笑顔にしてあげたいという願いはまじめに教育に携わろうと思う人なら誰でも思うことではないでしょうか。子どもが主人公の学校、それはいつまでも消えることのない民主教育の原理原則ではないでしょうか。それを批判する人たちは「教育」という名目のもとに教職員をしばりつけ、子どもたちを切り捨て、教え子を戦場に駆り立てても何らはじない考えに通じるとはいえないでしょうか。

かつて日本が第二次世界大戦が終わり、憲法をつくり、子どもの日を制定した時、日本の民主的知識人は次のような詩を作り熱烈なメッセージを送っています。最後にこの詩を朗読して報告のまとめとします。

五月の風

小野　十三郎

さわやかに
五月の風がふいている。
木の葉という木の葉は
みな葉うらをかえしてゆれている。

きり雨《さめ》がさっと光ったかとおもうと
またすぐに上《あが》って
明るい陽《ひ》のなかに
くぬぎも、ならも、けやきも
日本の山ぜんたいの木が
しずかに
青い波をうってゆれている。
そして雲がゆく遠い空のおくで
目に見えない大きな羽車《はぐるま》が
からから、からからと
一日音をたてている。
こどもが
これからの日本をつくる。

小野十三郎詩集『太陽のうた』一九六七年、理論社、四七頁

以上で提案を終わります。

スクラムを組んで共に頑張りましょう。

【初出】「乙教組方針提起大会教文部長報告」１９８９年

2 教師にあるまじき論文なのか？

父母とともに学ぶ教育講演会
――一二〇〇人の教育と文化のつどい、京都・乙訓からの報告――

「学校の主人公は校長である」と強弁する京都府の教育長。

かつては西の文部省といわれた京都も反動保守府政になってからは、急速に変質し、いまや民主教育つぶしの尖兵となっています。

京都府の南にある乙訓という地域は、伝統的に住民運動、教育運動がさかんな所で、教職員組合の組織率も高く、さまざまな教育要求実現の中心となっています。

それゆえに府教委にとっては目の上のたんこぶのようなもので、教職員組合敵視の言動や行動は日に日にエスカレートしています。

「乙訓の教職員はマフィアである」

教育長語録その一。勤務時間外のビラまきについての不当な処分に抗議したことに対し、頭にきた教育長の府議会での発言です。

教職員組合に対して、府教委のいうとおりにならないので異常な敵意をむきだしにしています。

「乙訓の先生は悪い先生が多いです」

乙訓に転任されたり、新しく採用された人たちの歓迎の席での教育委員会の言葉です。さらにつけ加えて、

「悩んだりしたら、悪い先生たちに相談しないで、まっさきに校長に相談して下さい」

自分たちの意のままにならないものに対しては慢罵のかぎりをあびせ、何も言わなければかさにかけて強圧的になります。

乙訓に対する彼らの攻撃の姿勢は、京都府下でも最大級のものとなっています。

乙訓に対する攻撃の三つの特徴

その第一は、教育委員会の思惑どおりにならない団体の主催するもの、たとえば「父母とともにつくってきた子どもまつり」や、「よい映画の上映運動」などには、一切、学校会場を貸さないという手口です。「教研集会」なども、学校を使わせません。たとえ、その日があいていても、組合と名がつけば学校会場の許可を絶対に認めません。

第二は、教育内容に対する圧力です。「算数の計算問題集」、いわゆる「補助教材」まで使用させないようにしむけたり、民主教育のなかでためされてきた内容に対する異常な言葉狩りがあげられます。たとえば文学教育に対しては物語と言わねばダメとか、生活指導は生徒指導に、ドル平という言葉は使ってはダメ、などがその一例です。かつて教育委員会が中心になってすすめてきた到達度評価という言葉は禁句となっています。

教育委員会の主催する実践発表会などは、一つひとつの言葉がチェックされます。表現の自由がおかされるような事態が、まかり通っています。

第三は、インフォーマル組織を使っての組合敵視学習会の開催（管理職試験学習会のようなもの）による教職員分断の策動です。

管理職になりたいなら、自分はもちろん、家族や周りのものを何人か組合からやめさせることが、半ば公然のように必要条件となっています。

自主的民主的な学習会・研究会に対しては一切の援助をしないのに（むしろ圧力をかけている）、この種の学習会には公然と教育委員会の会場を貸すという徹底ぶりです。

しかも、その学習会なるものには、組合活動に熱心なものは参加対象からはずされるしくみになっています。

まさにアメとムチによる組合攻撃が、組織ぐるみでおこなわれているのが実態です。

条件的な圧力による外からの破壊と、内容に対する干渉、生き方や考え方にせまる思想攻撃という三つのパターンです。

以上の三つの点に加えて、自主的民主的な育友会（ＰＴＡ）活動に対して、「これまでの慣行・慣例は整理させていただく……」という、乙訓の教育局長（当時）の発言の趣旨に端を発して、露骨な干渉がおこなわれてきています。

「労働組合と育友会が、いっしょに運動するのは困る……」

しめつけられた校長が、

「育友会活動に学校は使わせない」

と暴言をはくまでにいたっています。

まさに大がかりな「系統的」な、権力を使った、自主的・自覚的育友会運動・教職員組合に対する不当な干渉・介入・支配が展開されています。

彼らの攻撃は、権力をカサにしているだけあって、確かに一見強くみえます。

しかし、子どもと教育の未来に対する熱い期待は絶対にふみにじることはできないし、管理や選別は、形の上でおさえつけても、その内面までの支配はできないということです。

攻撃が強いということは、それだけ、あせりや不安がいちじるしいことであり、やや極端なたとえですが、今の京都の府教委の動きは、かつてアメリカ帝国主義が、祖国を守り、つくろうとしたベトナムの民衆の前に敗北したように、子どもと教育に対する情熱と団結の前に必ずや展望を失うと思います。

こうした策動に対する怒りをバネとした私たちの教育運動について紹介していきます。

教育講演会とは

教育講演会は約十年の歴史があります。

著名な講師を招いて、その時々の教育情勢や、子どもをどうとらえるかという視点で講演してもらい、父母とともに学習するというスタイルです。

今までに早乙女勝元氏、青木一氏、千田夏光氏、高浜介二氏、松谷みよ子氏、丸木政臣氏、中沢啓治氏、三上満氏、坂本光男氏、能重真作氏らを招いて講演会を開催してきました。

早乙女講演が、高校三原則くずし、主任制強行のなかで開催され、その時に講演会に参加された多くの人の力が、高校増設運動につながっていきました。

一九八三年の千田講演は、教育研究集会に学校会場を貸さないという暴挙がされた年で、講演会を軸に学習を重視して取り組みました。その力が乙訓で京都全体の研究会を成功させるバネになりました。

すべてにわたって会場拒否をするという攻撃が本格的になってきた一九八七年の三上満講演は、はじめて日曜日開催にふみきり、名実ともに講演を聞き学ぶというスタイルになってきました（以前は土曜日開催）。

この時の三上講演の成功が、「乙訓の教育と未来を考える会」（子どもと教育の未来を考える人であれば個人、団体、思想・信条をとわず誰でも参加できる組織）の結成の基礎づくりにつながっていきました。

坂本光男さんや能重真作さんを招いての講演会の時は、思春期の子どもたちを抱え、子育てに悩み、迷っているお父さん、お母さんに大きな励ましとなり、この講演会以後、ビデオを使っての教育懇談会が無数に開催されました。

今の子どもたちをどうみていくか、子どもたちの悩みや迷いに共感しながら、励ましつづけていく大切さなどを、多くのお父さんお母さんと教職員が学ぶことができました。

十数年にわたる教育講演会の歴史は宗谷の教育運動にもみられるように、父母と教職員の大学習会であること、その時々の政治教育情勢を正しくとらえて教育運動の出発点となっている点でも、大きな意義をもっていると考えています。

はじめは講演会だけだったのですが、文化的なつどい、歌、群読、太鼓などの発表とあわせて開催するようになってきました。

著名な講師の講演と文化のジョイントのつどいは、乙訓の広範な民主的な団体の期待と支持を年をおうごとに広げていきました。

教育と文化のつどい

十年目をむかえ、一〇〇〇名規模の教育講演会、教育と文化のつどいを開催しようと企画しました。おりしも乙訓の教職員組合に対する攻撃がはげしさをましてきた時です。

企画の一つとして『ぞうれっしゃがやってきた』の合唱構成をやることを決めました。乙訓のうたごえ運動の中心となっておられる方に積極的にこたえていただき、広くよびかけてもらい、「乙訓ぞう列車合唱団」が結成されました。

向日市少年少女合唱団・風の子、長岡やまびこ合唱団という二つの子どもの合唱団が、その輪に加わりました。さらに合唱団おとくに、その他約百数十名のぞう列車合唱団です。

そして発表にむけて、休日返上で練習がくり広げられました。ぞう列車合唱団に加わった小学校の女の子は、次のような日記を書いていました。

今燃えていること

十月二十一日は、ぞう列車の発表です。

私はこの日にむけて、九月にはいってから日曜日や休日は、すべて、この練習につかっています。この、ぞう列車を歌っている時、戦争中の動物たちのことを思うと涙がでます。

このぞう列車の合唱は、子どもたち七十人、大人の人三十人、そうぜい百人の人たちです。すごい迫力です。しかもすばらしいです。私は感動しながら歌っています。

この、合唱にでれてうれしいです。

家でも、妹といっしょに、カセットをきいて、れんしゅうしています。

ぜひ、たくさんの人にきいてほしいと思っています。

（略）

子どもたちの頑張りが、合唱団に加わった大人の人たちの熱意が、一日一日と参加者の層を広げていきました。合唱団の子どもたちのお父さんお母さん、孫の出演に期待するおじいさんおばあさんへとつながっていきました。

二つめの企画としては、歌手の野田淳子さんのミニコンサートを考えました。野田さんと親しいお父さんがおられ（自称、マネージャー）、教育講演会の主旨を理解していただいて、出演料を度外視しての友情出演ということで、本格的なステージをしていただくことになりました。

三つめに、過去の教育講演会で好評だった乙訓の教職員でつくる太鼓同志会のサークルの仲間の発表会をしてもらうことにしました。

以前は、学校の太鼓も自由に使わせてくれたのですが、組合と名のつくものには貸さないと言われ、サークルの仲間は自費で、すべて太鼓を買って練習を積んで参加してくれました。

最後に講演者の設定なのですが、子育てと教育に展望のもてる話をしていただこうということで生活指導研究会の坂本泰造さんにお願いすることにしました。

坂本さんは快くひきうけて下さり、その後、講演会成功にむけて毎週のように激励の手紙や資料を送って下さいました。

集会成功にむけて坂本さんの著書『がんばれ！　父ちゃん　母ちゃん』が約五〇〇冊とぶように売られ、本を読んだ父母から父母へ、語りつがれていきました。

父母との対話をねばり強く

集会を成功させようと、職場（分会）あげての父母との対話運動がくり広げられました。

一人ひとりの教師が地域に出て、父母と子どものこと、教育のことで語ること、対話することを徹底して重視しました。

学校の帰りに毎日、何軒か家庭を訪問し、子どもの様子を話し、教育講演会の参加をよびかけ、「行って下さい。来て下さい」ではなく、「一緒に聞きましょう。勉強しましょう」という視点を大事にしました。

父母を巻き込むといった高圧的なとらえ方ではなくて、父母とともに歩むという観点です。留守の時は、手紙にことづけを書いたり電話をしたりで、対話の数は約四〇〇人に広がっていきました。

日曜参観にこられたお父さんお母さん四〇〇人あまりに、一気に案内をわたして参加をすすめた職場。育友会あげて参加を訴えて、バスで参加することが決められた所もありました。

勤務時間外にビラまきをして不当な処分を受けた職場では、対話を重ねるうちに、「はじめは、地域に入るのがこわかったが、実際、地域に入って対話をしてみると、どんどん確信になる。かつて、こんな運動をしたことはないが、特別ニュースを出して頑張っている。力になってくれる父母がたくさんいる」と、自信につながっていきました。

乙訓でもっとも保守的な地域といわれる職場からは、こんな意見が出されました。「どんなに反動の力がつよくても、一人ひとりの父母の心まで支配されない。自信をもって教育講演会の参加をうったえることが必要だ」と……。こうした声が徐々に広がり、創意あふれる活動が職場ごとにくり広げられていきました。

宣伝の面でも工夫がされました。

数年来、新聞おりこみをしていたのですが、今回は全戸配付にしました。四万七〇〇〇枚もの宣伝ビラをつくりました。一日がかりの印刷を、退職された教職員の先生がやって下さいました。乙訓の店先には、教育講演会の案内のステカンが二〇〇本たてられました。

集会成功にむけて、お父さん、お母さん、子どもたち、教職員、出演者が一体となってきました。

数々のドラマが

集会当日、快晴。あまりの天気のよさに心配して、早朝から宣伝カーを出して乙訓一円を回ってくれた人がいました。

開始十分前。乙訓最大の会場、長岡京文化会館の席はまだパラパラ……。

「まるで映画『同胞』を見ている思いだった」と受付けをしてくれた人が語っておられました。

駐車場の関係で一時とまどったものの開始時間には一気に九〇〇人近い人がこられ、その後、会場は立ち見が出るほどいっぱいになりました。

「体中がゾクゾクした。しんどいけれど、頑張ってよかった」と袋づめをした要項をくばってくれた人が話していました。

幕があきました。

合唱組曲『ぞうれっしゃがやってきた』の大合唱、孫の出演に涙するおじいさん、おばあさんの姿。参加者のなかには何度も目頭をおさえる人がいます。

息のあった乙訓太鼓サークル「水口ばやし」「ぶちあわせ太鼓」の迫力に拍手がつづきます。

つづいて野田淳子さんの美しい歌声が会場にひびき、音ひとつしない静けさです。

「久々に青春をとりもどしたような気がします。子育てにおわれ、じっくり文化にふれる機会がなかったので……」

野田さんの歌われた一曲一曲で、心が清められるようだと、たくさんの感想がよせられました。

六曲歌われたなかでも、「十八歳」という曲が今の教育情勢にピッタリだと好評でした。野田さんも二十周年コンサートを前にしての忙しいあいまをぬってきて下さったのですが、歌うたびに参加者の熱気が伝わってきて元気が出ましたと語っておられました。

最後に坂本泰造さんの講演がはじまりました。坂本さんは、「どの子にも夢がある。子どもをどうみていくのか、子どもたちに何を教えるのか、子育ては、きまりを押しつけるのでなく、めあてをもって自問自答できる子どもを育てることです。親が自信をもって攻めの実践をすることが大切です。子育ては未来をつくる仕事です」

と、熱っぽく語られました。坂本さんの話に、わが子とだぶらせて熱心にメモをとる人、時に爆笑をさそい、時に涙をさそい、あっという間に三時間がすぎていきました。

「こんな集会は、はじめてです。すばらしい集会にさそって下さった先生方に感謝します」

「とても楽しくて心に残るお話でした。親として、どう生きるかということをあらためて考えさせられる、よい機会を与えていただいたという気持ちです。ありがとうございました」

「いずれも質的に高い文化であり、例年よりよかったです。『ぞうれっしゃがやってきた』はちっちゃな子どもたちが熱心に指揮者の方を向き、大きな口をあけて歌っていたのに感動しました」

「先生たちの和太鼓も会場いっぱいにひびきわたる迫力があり、気持ちよかったです。野田淳子さんの歌は以前に一度だけ聞いたことがありますが、ますます美しい歌声になられた気がしました。社会状況をとらえての数々の歌の詩に感動しました。野田さんの生き方、私も頑張ろうと思いました」

「坂本先生のお話、いちいちうなずきながら苦笑していました。帰ってから子どもに『自立の十ポイント』や『お母さんお父さんの態度』について話をしました。なかなかキビシイ評価でした。（略）何よりも会場がいっぱいだったのは先生方の力を感じました。またこんな機会があれば、ぜひ教えていただきたいと思います」

たくさんの感想文がよせられました。

一二〇〇人の教育講演会は、たくさんのドラマを生みました。

講師の坂本先生は、帰宅されたあと電報でメッセージを送って下さいました。

「感動的な集会でした。今でもあの歓声、あの生きいきしたみなさんの目の輝きがうかんできます。きびしい状況のなか、あのようなすばらしい取り組みができたということは、全国の民主勢力の人々に勇気をあたえてくれます」

地域に出よう――まとめにかえて

集会の成功は、その後の私たちの教育運動にはかりしれない展望と勇気をあたえてくれました。単に集会に何人集まったかという数字の面だけでなく、学習しつつ、合意を広げていくことの大切さが、遠まわりにみえても確かなものになるということです。

この教訓は、秋の講演から「日の丸」「君が代」問題での、その後の山住正己講演へとひきつがれていきました。

乙訓史上最大といわれたこの教育集会を支えたものは、父母との対話がその基礎にあります。

「元気の出る集会です。是非、一緒に行きましょう」

と語るうちに、なぜ、授業がこんなにむずかしいのかという疑問や、子育ての悩みが語られ、そのなかで教育の現状が語られ、本当の子育てについて考えようという合意にかわっていくのです。地域に出て語るなかで、本音が語られ、結びつきが強くなっていくのです。

乙訓の教職員組合の委員長の内田さん（当時）は、乙訓の教育を支えるものとして三つあげておられます。

一つは、父母とともに歩む教育ということ。

二つめは、一人はみんなのために、みんなは一人のためにを貫く教育であること。

三つめは、地域に根ざすということ。

この三つをつなぐ柱として、教育講演会は、乙訓のなかに根づいていています。

どんなに攻撃がきびしくても、かしこく、たくましく、やさしく育ってほしいという教育に対する熱い思いは、かわらないということです。

その思いは、権力的に組合や民主運動に圧力をかけたとしても、誰が子どもたちを信頼し、誰が子どもたちとともに歩もうとしているかを見抜くことができます。そして誰が子どもたちを苦しめ、誰が子どもたち親たち、先生たちをバラバラにしてよろこんでいるのかが見えてくるのです。

豊かさの仮面のなかに、子どもたちや大人たちを生きづらくしている現代のなかで、確かな子ども観や子育ての見通しを学び語ることは、こういう時代だからこそ必要であり、それゆえに、教育講演会に対する期待と信頼もあついということです。

地域に出て、父母と教育について語ること。

今、私たち、一人ひとりの胸に深く静かに燃える合言葉です。

【参考文献】
谷口重一郎 文責「地域・父母と結びついた教育運動」『京都教育センター年報』第3号
岡本幸男「子どもの生活と文化の再生をめざして、乙訓の実践」『教育実践事典』第5巻、1983年、労働旬報社

【初出】『教育』1991年8月号

③ 先生　スイミーの目になって　――私たちは勝利した――

謎の電話

夏休みも終わりの八月二十六日、校長から自宅に電話がかかってきました。日曜日の夜で子どもと外出していたのですが、「月曜日に学校にきてほしい」とのことづけがありました。休みの日の突然の電話です。思えばここからドラマがはじまったのです。

あくる日、校長に会うと、雑誌『教育』八月号に投稿した内容について匿名の人から電話があり、「事実無根ではないか、誤解を招きやすい表現ではないか」という問い合わせがあったので聞きたかったということです。

「内容については、もちろん個人名で書いてあるので責任は自分にありますが、その見解については乙訓教職員組合の中で討議したものなので、何か意見があるならば組合に問い合わせてもらえばいいです」

と答えました。匿名の電話については名前は明らかにされませんでした。

議会での質問

二学期も始まった九月十二日、長岡京市の一般質問で、ある議員が雑誌『教育』の拙論

「父母とともに学ぶ教育講演会[1]（以下論文）」に対して、「これを書いた人物は本市の教員であり、事実をねじ曲げ、ふるさと郷土のイメージダウン……全国誌に載せたということは許しがたいことだ。教職員にあるまじき行為だ。（要旨）[2]」として教育長（当時）に質問されたのです。まさに寝耳に水のような話ですが、聞かれている内容が、校長に電話で聞いてきた匿名の方の用件と全く同じなのには驚きました。[3]それに対して教育長は「教員としてあるまじきこと。厳しく指導したい」と答えました。

怒りをバネとして

その後、組合と乙訓局との交渉の中で、教育次長は、

「論文は、教育長がマフィアと言ってないのに、一面的に書いている。事実と違うので、早いうちに話し合いたい、決着をつけたいと思っている（要旨）」

と言われたので、

「それでは府の教育長も同席してもらって話をしましょう」

ということで終わりました。こうした議会を使っての不当な攻撃に対して乙教組も声明を出し怒りをバネとして教育講演会を成功させようという主旨の訴えを出しました。地域の多くの保護者・教職員との対話の中で昨年を上回る一二〇〇人という参加をかちとること

ができました。

文書による申し入れ

しばらくして、暮れも押し迫った十二月十七日、長岡京市育友会連絡協議会（加藤芳夫会長）が要望書を長岡京市の議会と教育委員会に提出されました。要望書は三点にわたり、「論文については私たちが期待を寄せる公教育が、この管内ではとんでもない姿勢で進められているかの誤解を一般市民に与えかねない内容を含んでおりました。これを発表したものは、当市立小学校の教員であり、乙訓教職員組合元教文部長という肩書きを添えております。この中に述べられている内容が、事実に反するものとしたら、これを公然と主張する教員の姿勢は放置できないところであります。今後この教員に対し、どのような指導をされるのか[4]」と明記してありました。

これに対して、長岡京市の教育長は、

「論文は私人として書かれたものであり、言論出版表現の自由の立場から何等問題はなく、教育委員会として指導するなどということはあり得ないことです（要旨）」

と、教育者として道理ある態度をとられたのです。謎の電話から五カ月が過ぎました。

おしのび訪問

年があけ、府教委が教員の人事方針を示しはじめた頃、二月七日のことです。「君が代おしつけお断り宇治城陽久御山市民連絡会」からの要請で、「子どもが主人公の学校づくり」ということで乙訓の教育運動について話をすることになりました。ところがその前日、また校長が、ある方から電話があったとして、

「教諭という肩書きで新聞に載っている。公務員としておかしい。もし行ったとしても学校の中で、その見解を言ってもらっては学校がまとまらないので『君が代』『日の丸』についてては校長に賛成する立場をとってほしい」と、校長室に呼ばれ「指導」と称して一時間ほど話をされました。

「そんなことは納得がいきません」と言って学習会に参加しました。しばらくして突然、教頭が、

「教育長が君に会いたいと言っておられるが都合はどうかな？」

と言われるので、校長に真意をただすと、

「近くの学校で研究会があるので帰りに寄られるらしい。いわば『おしのび』でこられるみたいやな」ということでした。

しかし、教育長との話は二時間にも及びました。校長も同席されましたが、論文のこと、

宇治城陽の学習会のこと、組合活動の三点が中心でした。教育長は何度も指導ではない、話をしにきたといいながら非公式に会わなければならなかった理由を説明されました。

「なぜ、教育長が言論出版表現の自由の立場から問題はないと言われている論文のことについて、わざわざ、会いに来られるのですか。こんなことは異例であり、おかしなことと思うのですが……」と、聞くと、

「今、言われた主旨で答えてはいるが、会ってもいないのに教育長としてどうするかといろいろ言われている。だから、ここに話をしにきた」

と、答えられました。おかしな話です。行政の教育委員会のトップが言明していることに対して、特定の一部の方が、

「ああしろ、こうしろ」と言えるのでしょうか。意見を言われるのは自由ですが、直接本人に言わずにこうした形で圧力をかけるというのがまかり通っていいのでしょうか。最後に教育長は、

「今後、人事のこともあるので、この先どうなるかわからないが自分には人事権がないが……」

と言われるので、

「あなたが人事で決着をつけるというのは卑劣なやりかただ。言うとおりならなければ勤

務地を本人の意思を無視して一方的に変えるというのはあってはならないことです。そんなことは断じて許せません」

　こうして教育長と別れました。

亀岡に行ってほしい

「ヒヤリングを大切にします」と言いながら人事については何も校長から話されないので、私から聞きにいくと、校長はあわてて、

「実は二月十五日に局（乙訓教育委員会、以下：局）から言われている。言うた言わないでは困るので教頭にも同席してもらえばいいのだが……君からきてもらったので言うと、あなたは中堅教員で有能なので南丹局、具体的には亀岡に行ってもらいたい」

　二月十九日のことです。教育長訪問から一週間もたっていないのにこの事態です。すでに権力のすじがきができていたようです。

「なぜですか。希望もしていないのに。どうして僕が乙訓から出ていかねばならないのですか。あなたは、ただそれを黙って聞いていたのですか」

　校長は貝のように黙って、口を開けば「府教委の人事方針にのっとって言われている」と繰り返すばかりでした。

話を聞いて分会長が校長室にかけつけてくれました。

「個人の問題ではありません。明日は我が身の問題です」

と誠意と怒りをこめて訴えてくれました。しかし、校長は、

「個人のこと、人事のことについては一切話はしません」と、突っぱねました。

「不当な人事だ。政治的背景がある。こんなことで人事がされていいのですか」

と問うと何もしゃべりません。都合の悪いことは何も言わないのです。校長室の周りで職場の仲間が教頭に詰め寄って、

「校長室に私たちも入れて下さい。でなければ緊急職員会議をして下さい」

と一人ひとりが訴えてくれました。教頭が、

「とにかく校長先生に頑張ってもらいましょう」ということでその場は終わりました。すぐに乙教組の谷口書記長（当時）が乙訓局に問い合わせると、

「校長を通して本人に打診してもらっている段階です。過員のため他局との人事交流です。特定の団体の意向ではありません」と答えたそうです。書記長が、

「本人の生活状況について校長から聞いているのですか?」と問うと、

「聞いていない」ということでした。しかし、人事について決着をつけるという権力の策動はこうして表面化したのです。

不当なことは許せない

連日、分会会議が開かれました。学年末の最も忙しい時でしたが熱い論議が繰り返されました。時間の合間をぬって開かれた分会会議はいつも全員出席でした。

「これは個人の問題ではない。真面目に教育をやっている私たちみんなにかけられた攻撃です」

「自分たちの都合の悪いことを言われたからといって力で報復するというのは許せない」

「本人に直接言わないで権力を使っていやがらせをするのはおかしいことだ。今こそ団結せねば……」

こうして緊急職場集会が開かれました。多忙な中、乙教組執行委員会は委員長を先頭に書記局全員がかけつけてくれました。

「今こそ、憲法・教育基本法を守る時です。勝利に向けて、分会の団結で戦いぬきましょう」

分会長の格調の高いあいさつで始まりました。職場の仲間が様々な角度から激励の訴えをし、みんなで「団結がんばろう」を歌って意思統一をしました。組合員にとどまらず、職場の仲間が可能なかぎり集まって情勢と展望を学習した意義深い集会になりました。これは分会長・執行委員・分会執行部を中心とした分会活動のきめ細かい取り組みの積み重ねの賜物が成功の要因でした。

そして、いよいよ乙教組の総括定期大会を迎えるのです。この大会は乙教組あげて不当な弾圧に断固戦うという画期的な大会でした。二月二十九日の第六十二回総括定期大会は緊急抗議声明でこう記しています。

二月二十七日の地教委連交渉の席で、当局代表からは、「不当労働行為があってはならない。教育行政が特定団体の圧力に左右されることがあってはならない」などの発言があった。私たちは事実の社会的公表も含めて市民的に信を問う用意がある。私たちは総括定期大会の名をもって、こうした理不尽な事態に厳重に抗議する。私たちは行政当局が不当な圧力に屈せず労働者の労働基本権を尊重して、憲法と教育基本法にのっとり公正な教育行政、人事権を進めるよう強く訴えるものである。

市民の怒りが

大会の報告を聞かれた市民の人たちの動きが活発になってきました。多様な教育懇談会や小集会が開催されました。そこでは、

「A先生は大事な人やから、いつまでもこの学校にいてほしいというのも、あの先生は嫌いやから早く転勤してほしいというのも市民の側から要求するのはおかしなことだ。けれ

ども正当な理由もないのに、本人が希望していないのに遠方に配転させるというのは許せないことだ」

「民間の場合は問答無用な所もあるけど、こんなことが教育の場にあるのはおかしい」

「何はさておき本人の意思を尊重すべきだ」

などの声があいついで起こりました。私たちにできることは何かということで真剣な討議がされ、抗議ハガキ・ビラ・教育懇談会の継続開催などが考えられました。そして、この声を全市民的なものにするために市民集会が計画されました。

　三月十八日、長岡京市産業文化会館で「公平、公正な教育行政」を求め「不当人事を断じて許すな！　緊急教育集会」と称して保護者・教職員三〇〇人が参加して開かれました。集会の中で部落問題研究所の村橋端氏は、

「こんなことは教育の原理にそむくもの、自主的民主的な同和教育を共に実践してきた者として許すことのできない暴挙です。断固撤回を求めて頑張りましょう」

と、力強く訴えられました。保護者からは、

「雑誌に乙訓の教育を紹介した、『日の丸』『君が代』学習会の講師として参加したという理由で先生が配転させられるとしたら許せません」

「先生の異動は親にとっても重大な関心事です。教育委員会は先生たちが安心して教育が

できるように頑張るべきです⑤」

「一部の人たちの意向で先生を追い出すのはおかしい」

等などの怒りの声があげられました。夕方の忙しい時でしたが、集会後、長岡京市役所周辺にデモ行進がつづき怒りの声が響きました。

権力の醜い姿が

こうした動きと前後して、はじめは「打診です。他局との人事交流を積極的にしてほしいのです」と、言っていた校長が「強い指導です」と言い換えてきたのです。「ヒヤリングを重視します」と何度も校長は人事の説明の時には話していましたが、自分から話すということはありませんでした。朝とはいわず、昼、放課後と校長が学校にいる限り「人事のことはどうなっていますか」と、毎日聞きにいきました。

「本人が希望していないのになぜ、僕が亀岡に行かなければならないのですか？」

「京都府教育委員会の方針です」

「本人が希望していないということと、家の事情について話して下さったのですか」

「言いました」

「それについて教育委員会にどう言われたのですか」

「言いました。それだけです。……」

　不誠実な対応が続きます。

「管理職になりたい人は他局に行って勉強しなさい、と言って、本人が希望していないのに他局へ行かされるということは聞いています。そうではない僕がなぜ、行かされるのですか」

「府の人事方針のとおりです」

「校長には具申権があります。本人の希望を聞きつつ、先生の来年の学校づくりの構想の中に僕が必要であることを言ってもらえないのですか」

「……」

「匿名の電話といい、議会の発言といい、教育長の訪問といい、すべて仕組まれています。特定団体の圧力に教育行政が屈していいのですか」

「……そんなことはありません」

「ではなぜ、過員ならAという人物がだめならBという人物にならないで、いつまでもAにこだわるのですか。この僕に」

「……」

　毎日のように校長との話し合いが続きました。行政から言われたことをオウム返しのように言うことはできても自分の考えや意見を校長は一切言えないのでしょうか。校長は敵ではありませんが、この時ほど一人の職員、職場の仲間を守る立場に立たない姿を目の当たりにみて、腹立たしく思ったことはありませんでした。

綱引きの引っ張り合いのような状態が続く中、権力の側は一層、理不尽な策動を押し切ろうとしてきました。

前後して内申権を持っている長岡京市の教育委員会の教育長は、組合の再三にわたる交渉の申し入れに対して、

「会えない。会っていろいろ話すとややこしい。府教委のしていることだ。いろいろ言っている人がいる。また会える時がきたら会いたい（要旨）」

と、全くの逃げ腰でした。この人事の黒幕がますますはっきりしてきました。これに対して乙教組は再度、局に対して、公正・民主的な行政を貫くように断固たる抗議をしてくれました。

教育行政の公正・公平を求めて

一人の教師の移動という視点でなく、教育行政の本来あるべき姿とは何なのか、教育とは何なのかということを問う市民的な運動としてその輪は急速に広まっていきました。

まかれたビラ約五万枚、抗議ハガキは二千枚にも及びました。「九十二年 人事闘争が教育行政のあり方を根本から問い直す市民的運動に発展したことは今後の教育運動のあらたな発展を展望するものです」と乙教組第六十三回方針提起大会は記しています。そしてさらに教育行政の公平・公正を求める署名運動に発展していきました。その会の代表の中村さんはこう述べられています。

「教育基本法第十条は教育は不当な支配に屈することなく行わなければならないとして、教育行政もこの自覚のもとにあらねばならないと書いています。また同六条には学校の教職員は全体の奉仕者であって……教員の身分は尊重され、その待遇の適正が期せられなければならないと書いてあります。だから教職員の思想・信条の自由や表現の自由もまた当然の市民的自由として尊重されなければならないのです。今回の長岡京で起こっている事態はこの精神に逆行するようなものです。ましてや良識のある先生を不当にも乙訓管轄外に配転させようとしている動きがあると聞きますが、教育行政にあってはならないことだと思うのです」

こうして事実の究明と厳正なる対処を求めて次の五点にわたって緊急署名行動が提起されました。

一、特定の団体や個人の意向で、先生たちを配転させるようなことは絶対やめてほしい。

二、こんな不公正な教育行政では安心して子どもを預けられません。直ちに疑いを正して公平な教育行政をして下さい。
三、乙訓の教育のために努力してきた先生を不当配転させないで下さい。
四、教育委員会が人事を使って、先生たちの執筆や言論の自由を弾圧することは許せません。直ちに是正してほしい。
五、私たち保護者と先生たちが一緒に進めてきた教育講演会や乙訓子どもまつり・よい映画の上映会などの取り組みを行政としてもっと理解してほしい。

この五点の訴えは大きな反響を呼びました。乙訓の街頭で地域でターミナルで、またたくまに署名が広まっていきました。短期間のうちに約七〇〇〇筆もの署名が集まりました。

よく食べよく寝て

毎日、校長との話し合い、分会での打ち合わせ、保護者の会による教育懇談会、署名活動とまさに時間との戦いでした。分会の仲間をはじめ乙訓の教職員組合の多くの仲間にいろいろな所で励ましてもらいました。

「乙訓の教職員への攻撃と同じものであると思います。私たちが共に力を合わせて跳ね返していきたいと強く思います」

「頑張って下さい。先生の後ろには仲間が、親が、そして何よりも子どもたちがついています。乙訓の教育に対する攻撃を共に打ち破っていきましょう。私も頑張ります」

「集会にはなかなか行けませんが可能な限り署名を集めました。体に気をつけて頑張って下さい」

多くの方の寄せ書きや手紙にどんなに励まされたことか、みんなで集まっていると元気になり、自分自身を奮い立たせるのですが一人になると不安や心配が先に立ち、日がたつにつれて寝られない日々が続きました。

職場の仲間は目に見えない所で支えて下さり、教室には毎日花を飾って下さったり、様々な実務的な仕事は私の知らない間にして下さっていることがたくさんありました。しかし、不覚にも熱が出て、卒業式が終わった三月二十日に寝込んでしまいました。心配して職場や保護者の方から電話があり、

「先生、大丈夫ですか。心配せんと、よく食べて、ゆっくり寝て早く元気になって下さい。署名が行くところ、会う人ごとにどんどんして下さりいっぱい集まっていますよ。先生のしてることに自信をもって下さい」

「どんな事態になろうとも、筋を曲げずに頑張って下さい。私らのできることはなんでもしますから」

ようやく熱も下がり、学校に行くと激励の手紙やメッセージが届いていました。その中に、

「先生、スイミーの目になって下さい。私たちは赤い魚になります。そして子どもたちのために共に頑張りましょう」

何度も何度も読み返しました。けれども目がかすんできて、なかなか手紙が読めませんでした。

大人のいじめや

中村さんのよびかけに応えて、数十名の保護者が、署名を持って局に行かれることになりました。しかし、局の対応は、

「今、忙しいのです。誰から聞かれたのですか」

誠意をもって答えようとせず、逆に居丈高に話してきました。

「これだけ大きな話になっているんや。うちの校区で知らんもんはおらへん」

と、中村さんが毅然と答えられたのに続いて、

「そうや、あんたら子どもに『いじめ』はあかんというのに、あんたらのしてることは気に入らんからというて、一人の人間を力づくで飛ばすというのは大人の『いじめ』と一緒やんか！」

彼らは何も言えなかったそうです。お母さんたちの手には以前、私が配った子どもたちの文集がしっかりと持たれていたそうです。あとでお聞きした時に、「何も言えへんかったら、こんなことしてる人のどこが悪いねん。と言って見せたろ」と思って持参したということでした。

我が子に語る

乙訓のひとつの世論になってきました。しかし、校長は相変わらず、「府の方針どおりです。何も変化していません」

この言葉を繰り返すばかりです。力関係で一進一退でした。こちらも真剣なら権力の側も必死でした。彼らの思惑どおり、乙訓から放出するか、移動したとしても乙訓に残れるか厳しい戦いが続きました。

結果はともあれ、とことんやらねばという思いはあったのですが状況だけは家族に話しておこうと考えて、

「いずれにせよ結果が出る。自分としては間違ったことをやっていないと思っているけど、もしかして周りの人から、お前たちの父親は、上のものに逆らうから亀岡にとばされるのや。と言われるかもしれない。僕のしてることの是非は今すぐにはわからないかもしれないし、大きくなって考えてもらったらいいけど胸をはって生きてほしい。でも結果としては……」

そう語っているうちに言葉が出ませんでした。やっとのことで、

「……今はこらえてほしい。迷惑をかけるけど……」

三人の子どもたちと妻は黙って僕の話を聞いてくれていました。

たとえ一％の可能性でも

内示の前日、三月二十三日、書記長と最後の打ち合わせをしました。

「谷口さん、明日いよいよ内示やなあ、いろいろすみませんでした。可能性としては九十九％難しいかもしれんけど、ここまできたからとことんやろうと思っているけど……」

谷口書記長は、

「吉益さん、たとえ一％の可能性でも最後までやりましょう。明日の結果次第では記者会見も考えているし、委員長とここで朝から待機してますからすぐ連絡して下さい。局も地

教委も校長も一緒になって企んでいることがここまで確実にわかっているのだから。絶対、不正は許せないです」と、静かに語ってくれました。別れたのは夜の十一時でした。

湧き上がる歓声

内示の日、終業式でした。子どもたちとの別れの日です。四年生ということもあって式の後、学年全体で保護者とお別れ会を計画していました。保護者と一緒に「吉四六《きっちょむ》さん」の劇をしました。すべての日程が終わって、校長から内示を聞くことになっていたので二重の意味で気が重くなっていました。いよいよ劇の発表が始まろうとした時、分会の仲間が体育館に飛び込んで来られ、「吉益さん、やった、やった、乙訓の中での移動やで、長岡第七小学校みたいやで。よかった、よ

吉四六さんの舞台

かった」と、手を握って何度も何度も話して下さりました。はじめ聞いた時は、一瞬夢をみているようで信じられませんでした。何しろ家から数分で通える所に転勤なのですから。校長に聞いた時も我が耳を疑いました。中村さんが参加されていたので話をすると大変喜んで下さって、近くにおられた保護者の方に耳打ちをして下さいました。

またたくまに話が伝わり、そのたびに「わあー」という歓声が起こりました。あちこちで保護者の方が飛び上がって喜んでおられました。そして私のところにかけよって下さり、「よかったですね」「本当によかった」と次々に語って下さったので、思わず握手をしてしまいました。まるで選挙で勝った時の光景を見ているようでした。

私たちは勝ちましたね！

握手ぜめ？でした。様々な点で心配りをしていただいた分会長に会った時、「ありがとうございます。本当に」と、力をこめて握手しました。分会長の目に光るものがありました。あとで考えてみると、お母さんや職場の女性の仲間とこんなにも握手して……照れ臭かったのですが、その時はごく自然でした。職場の仲間は、

「今まで組合はなんとなく入っていたような気がしたけど、この時ほど組合の大切さを感

じたことはなかったです。改めて組合とは何かを考えさせられました」と語られ、ある人は、

「団結とか連帯とかは口ではすぐ言うけど、これほどこの言葉の持つ意味を再認識したことはありませんでした」

と語っておられました。お礼の電話を保護者にかけた時、厳しい職場で働いておられたお父さんは、

「みんなの力ですね。教育の場にこんな差別、選別は許されないことですからね」

あるお母さんは、

「先生、この話を聞いた時、私たちに何ができるかを考えました。できるだけのことをしようと思いました。けれど、それでなんとかなるのかをいろいろ聞いてみると厳しいということでした。でも、甲子園の高校野球でも九回ツーアウト、ランナーなしでも逆転があるのだから私たちはその可能性にかけてみようと思いました。先生、私たちは勝利しましたね」

本当に多くの方々のおかげです。子どもを愛し、教育に期待する人々、不正を許さない人たちの大きな人垣の力がこの結果を生んだのだと思いました。

正義は

乙教組に報告の電話をしました。書記の井月さんが最初に出られました。

「吉益さん。よかったです。よかったです。……」

声にならないのです。続いて内田委員長が出られました。

「やりましたね。おめでとう。もう、みんな飛びあがって喜んでまっせ。他の職場にも知らせたで。書記長に変わるわ」

谷口書記長は、

「吉益さん、いつも言うたはる正義は勝利するですね。本当に嬉しいです。……」

もう聞いていているだけで涙が止まりませんでした。この人事の戦いの中で乙訓では「教育を考える会」や「教育と未来を考える会」などの様々な自主的な地域の会が数多く結成されました。

逆に様々な事情があったことと思いますが、府の教育長が辞められ、校長が退職し、乙訓の教育長は一年で乙訓から転任していきました（報道によると、その後の交流は続いているようです）。(6)

教育運動の発展に向けて

乙訓戦略ともいえる権力の攻撃はまさに熾烈なものでした。拙文でもふれましたが、その攻撃の特徴は教育条件、教育内容、思想の三つの分野からの「体系的」な攻撃が繰り返されています。今回は三つ目のとりわけ自分たちの気にいらないモノ、反対意見を持つモノに対してファッショ的な手段を使ってでも弾圧するという新たな段階を示すものでした。まさに民主主義、乙訓の培われてきた民主教育にとって重大な挑戦ともいえるものでした。

しかし、保護者・教職員の民主主義を守るという一致点で団結し、憲法教育基本法の理念にのっとった民主教育を支持し、発展させようとする人垣の前に彼らの理不尽な策動は必ずしも思惑通りにはいきませんでした。内示の前日まで校長は「忠実」に執拗に官外転出を言われるままに繰り返していたのですから。

作家の森村誠一は『日本の暗黒』(7)の中で、

あくまで無難で出版社に利益をもたらす作品にかぎってのことである。書くものがホットペーパー（戦争の加害、天皇、差別問題など反対派との対決的な要素を含んだ内容）となると、俄然身辺が騒然となり、一般出版社からの刊行が難しくなる。（略）憲法第二十一条（言論、出版、表現の自由）は、ホットでないペーパーにおいてのみ保障されていることを、私は『悪魔の飽食』において痛感した。

と書いています。私の拙論の批判中傷は、権力がいかに真理・真実の公表に恐れを抱いていたかのある面での証明になったと思うのです。京教組の第二三五回中央委員会は、不当人事反対、希望と納得の公正・民主的な人事で民主的学校づくりの総括で次のように記しています。

特定団体、一部自民党議員、行政一体の官外転出強要に父母・府民ぐるみのたたかいで不当人事を阻止した乙訓など人事闘争が教育行政のあり方を問い、また教育を守る府民的な重要なたたかいとして前進。人事闘争は本人のたたかう強い意思を基本に本人、分会の日常的な運動の積み上げ、全組合員の力の結集・市民的規模で世論に訴えてたたかうことが大切である。

新指導要領・新学力路線は今後ますます保護者・国民との矛盾を深めていくに違いありません。権力が一つの結論を押し付け露骨に力づくで押しきろうとすればするほど、私たちの側が多様な意見を認めて民主主義の一点で一致点を広げていくかが問われます。これが教育運動の留意点として大切だと思います。それは保護者を巻き込むという傲慢な態度でなく、保護者と共に歩むという立場に徹しきる所に小さな一歩の前進が生まれてくるのです。

まとめにかえて

おかしいことはおかしいとはっきり言うこと、正義を貫くということは大人の社会でも子どもの世界でも難しいことです。しかし、アメリカ帝国主義が祖国を守るベトナム人民の前に敗北し、ソ連の覇権主義が歴史を動かす国民の前に崩れたように、大義のない脅しや圧力に未来はないのです。一見、強力に見える権力の策動に対しても一人ひとりが小さな声をあげて戦っていくことが大切だと思います。戦いなくして私たちの権利を守り発展させることはできないのですから。

全教の三上委員長は、民主教育を守り前進させるために、今求められている教師像としてこう述べられています。

どのような困難や権力からの厳しい攻撃があろうと、子どもの命と希望を育むという根本的使命の自覚にたって実践する教師たちです。それは何も一人ひとりの教師が完成された教師であることを意味しないし、自分の生活を犠牲にした献身を求めているのではありません。教育の自主性を守って不当な教育支配と戦い、教育条件の改善

を求めてたたかう教師たちです。(8)

迷い、動揺しながらの自分自身の毎日を振り返って、こうした教師像、人間像を今後もめざしていきたいと思います。

およそ半年にも及んだ戦いでしたが、ひとつのドラマがひとまずの終止符をうちました。

内示の日、家に帰ると保護者から手作りのケーキが届いていました。家族で乾杯しながら食べました。それぞれに五つの旗がつけてあってメッセージのあとに〝サインはＶ〟としるしてありました。

【注】

(1) 拙論「父母とともに学ぶ教育講演会」『教育』１９９１年８月号

(2) kyoto report あらためて教師論文問題に。「海賊版」のタブロイド誌　匿名の電話　議会質問などが説明されている。

(3) 「橋本順造議会報告」１９９３年９月、92頁

(4) 長岡京市育友会　１９９１年３月　12月17日要望書

(5) 『赤旗』１９９２年３月20日、４月４日記事

(6) 「職務遂行へ○秘組織」『京都民報』１９９２年５月２日

(7) パネリスト　森村誠一／下里正樹・宮原一雄著『日本の暗黒：実録・特別高等警察　第一部　五色の雲』１９９０年、30頁、新日本出版社

（8）三上満「教師の責務と民主的教師・教師論」『労働運動』1991年8月号、新日本出版社

他に引用資料として

「京都教職員組合第235回中央委員会決議」

「乙訓教職員組合第62回　63回大会決議」

「日本国憲法第19条　21条　教育基本法第10条」

【初出】私家版『先生　スイミーの目になって』1992年1月1日

この戦いの中で私は当時の乙訓教職員組合の谷口書記長と何度も交わした言葉、「最後まであきらめない」という言葉とその行動がその後の自分の信条になったように思います。ただしばらくは全身にジンマシンが発生して落ち着くまで時間がかかりました。

当時の乙訓教職員組合書記の井月さんは「人間の尊厳をかけた戦いですね」と何度も励まして下さいました。五つの旗を作って下さった保護者のKさん、最後の劇を一緒に取り組んだAさん、それぞれ帰らぬ人となられました。謹んでご冥福をお祈りいたします。

第5章

「学級崩壊」現象の体験から

前章の「不当人事」との戦いの時期に平行して、乙訓で、大西さん、井上さんの三人で教科研の準備会のような取り組みを毎月一回おこない、一九九二年の四月に京都教科研を結成することができました。一九九二年に京都教科研を結成して三十年がたちました。当時から三人の暗黙の了解というか、確認していたことは月一回、人数にかかわらず必ず例会を開催する。例会の報告を簡単な通信にして発行する。会員拡大も含めあまり無理をせず続けることを大切にする。年に一回、京都の中心で総会をかねた少し構えた大会（例会）を開催する。このスタイルがその後の関西教科研結成の基礎となりました。三人だけの開催もありましたが結成してから野中一也電気通信大学名誉教授（京都教科研代表）が毎回かかさず参加して下さいました。

個人的に私は教職員組合の専従書記長（二〇〇〇年から二〇〇三年の三年間）になり、現場復帰して一年たった二〇〇五年に大阪教育大学大学院、夜間の社会人中心に入学しました。入学した時、六年生の担任でした。その時に「学級崩壊」現象に遭遇します。

私の「学級崩壊」現象は今から考えると様々な要因が考えられますが、六年担任という時期に無謀にも夜間大学院に通い「二足のわらじ」をはいたことが、結局どれも中途半端になり当時の子どもたちや保護者から反発されたのだと思います。「高学年担任は何回か経験しているし」という自分の驕りが当時の子どもたちの繊細な思いや感情に共感することができなかったのだと思います。不当人事の戦いで「最後まであきらめない」ということが信条になりましたから途中で投げ出さず最後まで責任をまっとうしようと思いました。けれどなかなか改善のきざしがみえないので隠さず職場のすべての人に現状を報告しました。まさにＳＯＳを出しつづけました。管理職、給食調理員さん、用務技師さんすべてのかたに現状を報告しました。当時は外に出ることもできず、コンビニで何回もコピーして失敗するなど自分の精神状態が正常でないと思ったからです。

管理職は可能な限り教室に参加して授業をして下さったり、給食調理員さんは給食を多めに入れて下さったり、用務技師さんにハッパをかけられたりでした。大学院もなかなか登校ができないので担当の先生に現状を報告してレポートを提出して単位習得をお願いしました。うれしいような自分がみじめなような……。現状はあまりかわりませんでしたがなんとか卒業させることができました。

人事の戦いの時に「自分がリスクを背負うことを覚悟して人に助けを求めたら、人は必ず助けてくれる」ということが確信になったので「学級崩壊」状態の時も同じように発信しました。私は長い意味で困難におちいったら休むなどの方法をとるべきだと思っています。ただ、この時は娘が小学校時代に体験したある出来事があったので休まないという選択をしました。ただこの時期は家から外に出ることができず何をするにもやる気が起こらず「うつ」状態でした。毎月かかさず続けていた教科研の例会も開催することができませんでした。二〇〇五年つらい重い一年でした。

1　教師を続けられるのか「今、教師を続けるということ」
――現場で生きる意味を考えながら――

教職員組合の専従の仕事に携わり再び現場に戻る時、私は次のような挨拶をしました。「三年ぶりに現場に戻るということでとても嬉しいです。でも時々、夢をみます。学級崩壊になり、子どもたち、父母、職場の仲間から批判され四苦八苦してるところです(1)」そう言うと参加されてる人は笑いながら私の話を聞いてくれました。

それは私が組合の仕事で、同僚から教師の仕事を続けていくかどうか、「指導力不足教員問題」などで悩みを相談されたり、話し合ったり、報告したりすることが、多かったからなのかもしれません。しかし、現場に戻り私自身の現実の問題として直撃します。

以下の小文は私の体験談と問題意識です。

「意味不明、ひいきするな」

クラス替えした二クラスの六年生、三十三人（男十五人女十八人）を受け持った時です。復帰して三年、五十三歳の時でした。ここ数年間、高学年ばかり担任していたので、それなりに緊張していましたが、三十三人の半数は五年から担任していたので、気楽な気持ちで四月を迎えました。しかし、昨年と違い何かしらしっくりいかない違和感がありました。数人の女子とはなかなか気持ちが通じないなあという感じをもっていました。

授業をしていると「意味不明」と叫びだし、私語が多いので注意すると「ひいきや」と言って反発しました。いつも、うまくできるわけではありませんが、わかる楽しい授業をと心がけてきたつもりだったし、自分の教育信条として、一人ひとりを大切にすることを大事にしてきたので、今までに言われたことのない子どもたちの言葉に私はとまどいを覚えました。
次第にその輪が広がってなかなか指示が通らないようになってきました。

「先生には関係ないやろ」

五月の連休明け、五年の時から担任していた子どもたちの靴がかくされる、ノートが引き裂かれるという事件が起こりました。被害にあった子どもに、私が事情を聞くと、「自分で破いた。靴もあったし何も問題ない」となかなか私に語ろうとしませんでした。心配して様子をさらに尋ねると泣きながら、「先生には関係ないやろ、先生に話してもしかたがないやんか」と、叫ぶようにして答えました。今まで何でも語ってくれた子どもたちと、気持ちが離れていくのを痛感しました。

（子どもたちと心が通じない……。こんなはずではない）というあせりと無力感が私の心に宿りました。状況を子どもたちに尋ねても、「犯人あつかいするのか、誰がやったかわからへんし。いじめられる子が悪いのや」反発するような声が返ってきました。いくらかの女子との意思疎通がいかないところから次第にクラス集団全体と私との関係がまずくなっていきました。

意欲がなく「うつ」状態に

　五月の後半から学校に行くのが苦痛になってきました。なぜ、あの子があんな行動をするのか、何が原因なのか、私の何が問題なのか、と思えば思うほど、やることなすことがうまくいかず、子どもたちとの関係がまずくなり、歯車がかみ合わなくなり、自分の気持ちが萎えていきました。何もする気が起こらないという日々が続きました。

　私は以前、「教師の苦悩の原因として様々な外的な圧力や障害より、子どもと教師の関係、いわゆる信頼関係が崩れることが最大のものです(2)」と書いたことがありますが、まさにこの時はそういう状況でした。

　以前、教職員組合の仕事をしている時、教職員の権利、生活についての相談がいくつかありました。その中でも教師と子ども、父母、同僚との関係の悩みが一番多かったです。子どもとの関係からくるストレスで精神的に負担がかかり、教師を続けるかどうか迷う、誠実であればあるほど自分を責め、教師に向いていないのではないかと悩む人が何人もいました。

　その時、私はただ話を聞くだけでしたが、一時的に休職をすすめたり、心療内科の医師を紹介したりしました。そのまま仕事を続ける方、休まれる方、最終的には本人が決められましたが様々な事例がありました。年々こうした悩みは増えていきました。そしてその多くは教育実践や教育運動で職場や地域で献身的に活動されている方でした。

六月の初め、修学旅行を目前にして、自分自身が同じことで悩むことになりました。私自身、仕事を続けるのか、休むのか真剣に考えるようになりました。不謹慎な話ですが（何か骨折でもして休めないか、病気にならないか）と考えだしました。そうすると体重が急激に減り、車で通勤しても学校に着くと車から、すぐに下車できないという状況になってきました。

私事ですが、家族にも同じことばかり話すようになり、だんだんと「うつ」状態のようになっていきました。何をするのも嫌になり意欲がなくなってきました。自分の行動すべてに自信が持てなくなってきました。

自分は「指導力不足教員」なのかという不安

修学旅行後、子どもたちの私に対する言動はだんだんエスカレートしていきました。指示がおそかったり、板書の字をまちがったり、子どもたちを注意すると、
「死ね、ハゲ、教育委員会に言うぞ」（ハゲてはいませんが）
「体罰やめろ」（体罰はしてないのですが）
「教師やめろ」

などと一部の女子とそれに同調するように数人の男子が暴言を言うようになりました。教室においてあった私の筆記用具が壊される、私の靴が隠される、私に対する攻撃で一体化するようになってきました。誰がしたのか明らかになりませんでしたが、六年からもった女子が中心になり、五年の時に担任していた男子が加わり、他の子どもたちはなんとかしてほしいと思いつつ、傍観しているという感じでした。授業が成立せず子どもたちの人間関係も殺伐としたものになっていきました。しかし、こうした子どもたちの行動も他の教職員の前ではおこなわれず、私の前だけで「悪態」をつくという事態でした。五年の時に私にいろいろなことを相談していた男子が私に反発するようになり私はとまどってしまいました。

私はわらをもすがる思いで必死に教育書を読みました。

――「崩壊しない学級」は「崩壊する学級」とどこが違うのか。答えは、シンプル。教師が違うのである。(3)

――学級崩壊や授業困難に陥っているクラスは、ボスザルが子ザルに、よってたかって権威くずしにあっているのだと考えられます。(4)

まさに、本に書いてあるような事態が進行していました。私は「自分が、もう、だめだ。このままではやっていけない。学級崩壊になる。教師失格だ」と思いつめ休日に外出するのもいやになってきました。以前、悩んでいる人から相談を受けた時、「誰でもが、指導力不足の側面をもっているのですから、そんなに落ち込まないで」と何回も語っていたのに。自分自身の問題になると、知っている人に会えば「子どもになめられている、指導力不足教員だ」という眼差しで見られているに違いないとまで考えるようになりました。十年間、毎月かかさず学習会を続けてきた地域の教科研の例会も開催することができなくなりました。自分の好きなことまでやる気がなくなってきました。

職場の仲間にすべてを話す中で

六月の後半、自分ひとりの力ではどうにもならないので、私は自分自身の気持ちと学級の様子を、すべて話すことにしました。管理職、学年の同僚、職場の仲間すべての人に。子どもたちが荒れてくると授業のみならず器物の破損が起こったり、給食の食器の返却が乱れてきたりしてきたので、給食調理員さん、用務技手さんにも実態を素直に話しました。子どもたちの攻撃性の背景には人間関係の不安定さや、甘えの構造が考えられますが、私自身の指導の弱点も当然あるわけだから、自分自身の分析も含めて、職場の研究会や個別の相談もできるだけ詳細にするようにして意見してもらうようにしました。

子どもとの間に、安定した関係ができている場合はクラスの様子を報告することはそれほど苦痛になりませんが、学級崩壊状況となると、自分の力不足を語らねばならないので正直ためらいもありました。ともすると状況をリアルに語る前に、あいまいな形で報告しそうになりました。

しかし一方、困難な課題を抱えた子どもが数人いるので、学級が大変になっていると話したい自分がありました。けれども、それでは共通の理解にはならないので、私は自分の弱点、教材研究の不十分なところ、子どもとの信頼関係をつくる上での人間関係、子どもの理解の問題、クラス集団の発展の見通しの甘さなどを具体的に報告しました。同時に現在の事態をなんとかしたいという思いと、「うつ」的な状況になり体に不安があり休みたい気持ちになっていることも隠さずに語りました。そうすると管理職をはじめ、職場の同僚はいつも私の体のことを心配してくれて、時間の許すかぎり複数で授業に入って下さり、他の同僚も援助してくれました。

職場の仲間は、私が話し出すと、いつも状況を聞いてくれたし励ましてくれました。

「納得いくまでやって休むんだったら、その選択も考えたらいいやん」

「何もできないけど聞くことはできるよ。無理しないで」

「父母にも状況を話して一緒に取り組んでもらったら。今までの取り組みに自信を持って」

いろいろな助言をしてもらいました。私は自分の悩みを聞いてもらううちに日頃、あまり話せない他学年の同僚と今まで以上に話せるようになりました。そして職場の仲間が教師を続ける上で同じような悩みをもちながら仕事をしているんだということをあらためて再認識しました。子どもと教師の関係、教師を続けることの悩みなど。まさに老若男女問わず、共通の問題として。

父母にもリアルに語る

学級の様子を父母にも正直に話すことにしました。「吉益さん、父母とともに進める教育があなたの真骨頂やろ。子どものいいことも悪いことも語り合って実践してきたやんか。自信を持って父母に協力を頼んでみな」

自信をなくしていた時だけに同僚の助言は涙が出るほど嬉しかったです。しかし本音は、何からきりだそうか、わかってもらえるだろうか、と不安でいっぱいでした。子どもたちの実態を正直に話す、私自身のいたらなさも語る、一緒に子育ての方向を考える、父母の悩みを聞く。そういった視点で可能な限り、学校が終わってから家庭訪問をしました。

どの父母も学校での子どもたちの様子は初耳ですといわれ、暴言や「問題行動」については家庭のしつけの問題として考えるので、学校でのことは「先生、思い切りしかって下さい」と全面的な協力を約束して下さいました。父母の言葉に勇気づけられました。

しかし、子どもたちは「親にちくりやがって」とますます私に対する反発を強めていきました。悪夢のような一学期が終わりました。夏休みになり、やっと精神的に落ち着くことができました。

校長・教頭とともに「いじめ・暴力」の特別授業

九月の体育大会は学年の取り組みが多くなり、子どもとの関係に変化はありませんでしたがどうにか終了しました。あいかわらず体育大会の練習の写真を貼ると、私のところがひきさかれていたり、指示がはいらないという事態は続きましたが学年や全校の教職員の協力でのりきることができました。

十月になり体育大会が終了すると、子どもたちの私に対する暴言がエスカレートしてきました。ある日、社会見学の資料を配ると、ふざけた子どもたち数人が、私めがけて紙つぶてにして投げるという事件が起こりました。私は子どもたちを制止させて、その後、生活指導部と相談して、「いじめ・暴力」の授業として子どもたちにのぞみました。それは学年、校長、教頭も授業に参加してくれて一緒に作った特別授業でした。校長・教頭が私に対する「暴力・いじめ」の事実を語る。いじめられた経験がないか問題提示する。私自身の気持ちを語る。泣き言や激高するのでなく事実を迫力でもって語る。いじめる側の人の気持ちを分析する。といった内容で構成しました。子どもたちは不安定な人間関係、私への不安、自分の気持ちなどを素直に書いてくれました。その授業のあと、少し子どもたちの言動が穏やかになりました。

私に対する暴言を重ねていた女子は、その時の感想を次のように書いていました。

自分が

私は先生のクラスになった時はなんとも思っていなかった。でも一ヶ月位たつと周りも友だちも

「うざい」「きもい」

と、いっていて、いじめられるのがいやだったから私も一緒になって

「死ね」

とか言ってた。そして本当に先生のことがいやになっていて何かいわれると

「ひいきや」

とか文句言ってたし、先生のふでばこの中に虫をいれた人をみても

（もっとやれ）

とか思っていた。

先生が授業中　何人もきた時（先生がつれてきた）そう思っていました。けれど今日よくわかった。先生が悪いんじゃなくて自分が悪いと……

人間だから　ちゃんと気持ちがあるのに、その気持ちも考えないでやった自分がすごくイヤやと思う。皆がやったから私もやったではすまされないことやと思う。

皆（周り）に流された自分がだめやった。これから残り少ない学校生活。めいわくをかけなく楽しくやっていきたいです。もうこんなことはしたくないです。

周りに流されず自分の意見をしっかりもちます。

「ちくったな。一人では何もできんのか」

十月の後半、私に暴言を言う子どもたちと個別に可能な限り話をしました。「いじめ・暴力の授業」のあと、数日間は子どもたちは落ち着いたように見えました。しかし、数日たつと、

「校長や教頭に言いやがって」

「一人では何もできないから他の先生が教室にくるのやろ。教師失格や」

私の自尊心や教師としてのプライドは子どもたちの発する言葉からずたずたになるようでした。以前なら、すぐ切り返せたのに十分言い返すことができない自分自身にイラダチ

やら情けなさやらで、どんどん落ち込んでいきました。

その後、十一月に緊急にもたれたクラス懇談会では、

「子どもたちの気持ちをわかってほしい」

「厳しい指導が必要ではないか」

「いじめの授業より楽しい授業を考えて下さい」

父母の要求は当然でした。協力するといっても学校では私が子どもたちと、どうかかわるかということだから進展しないクラスの状況に不満をもたれるのは当たり前です。いくら状況をリアルに語っても、具体的事実でもって、子どもやクラス集団が変化しなければ、父母の側からすれば支持のしようがないのです。父母との協力、口で言うのは簡単ですが現実はなかなか大変でした。特に荒れた状況の時は。

途方にくれた私は職場や京都教科研の仲間に何度も相談しました。ここでもたくさんの励ましの言葉をもらいました。

「何を言っても弁解になるからじっと耐えてたんやろ、つらかったたな。体を大事にして」

「うまくいかない時はそういうもんや。あせらんと。しんぼうやで。そのうち良いことがあるで」

「よく、それだけ苦しいこと、つらいことをみんなに話してくれたな。そんなこと、なか

なかできないよ」

「事実から逃げない。リアリズムの教育やろ。頑張って」

　病院や薬を飲まずに私が学校を休まずに登校できたのは、何よりも職場や研究会の仲間の眼差しがあったからだと思います。話さなければとても続けられませんでした。話して受け止めてもらえる仲間の存在が大きかったです。

ひたすら卒業を待つ日々

　ちょうどこの時期、私は長年の希望であった夜間大学院に入学し、自らの実践を分析、検討しながら研究を進めることにしていました。しかし、学級が困難になり、通学も難しくなってきました。同時に大学院に行く気力もなくなってきました。

　しかし、それではますます、落ち込むだけなので、なぜこういう事態になったのか、大学院でも可能な限り事実を話して研究者の側からの忌憚のない意見を聞くことにしました。

　そうすると、ここでも過去の体験の中で同じように悩んでおられる方のいることを知りました。そうして語るうちに自分自身の心の重荷が少しずつ消えていくようでした。結果的に大学院を途中でやめずに通うことで私自身の精神的安定が保たれたと思います。しかし、四月当初、私は学校の生活と大学院の両立が十分できず、学級の子どもたちより夜の大学院の生活に心が傾いていたのだと思います。始めは私の大学院の生活を応援していた子どもたちも、中途半端な私に口には出さないけれど厳しい眼差しを注いだのだと思います。出会いの時のつまずきは皮肉にもここにもあったと思います。

学級の状態は一進一退で、なかなか再生することができませんでした。学級崩壊状態から再生したということでもないし、「荒れた」クラスを建て直した経験でもありません。三学期になると今まで傍観していた子どもたちも私に反発するようになりました。特におとなしい子どもたちが激しい攻撃的な言葉を私にかけるようになってきました。今から思うと当時の荒れた学級の状況では自分を守るために、私に対して攻撃的な言動を発していたのではないでしょうか。私は指折りかぞえて卒業式を待っていました。不謹慎にも子どもたちとの別れを惜しむのでなく（あと何日したら終わりや、これで別れられる）と思って耐えていました。卒業式は多くの教職員の協力や援助のもと子どもたちは大きな声で歌い堂々とよびかけをして整然と行うことができました。卒業式が終わり、学級で私は最後の言葉として、子どもたちに、

「失敗したり、うまくいかなかった時こそ、よく学んで次に生かしてほしい」と言うのが精一杯でした。とにかく自分が休まず、子どもたちを卒業させたというだけでした。

残された課題

坂元忠芳氏（東京都立大学名誉教授）は「『荒れているクラス』を観察すれば、観察者と実践者とはほとんど重なってくる。『荒れ』をまえに呆然として突っ立つ教師もまた、冷静にまるで地獄絵の中で観察する実践者としてこの関係の動きを見なければならない」(5)と書いていますが、まさに自分が夢の中で何回も見た姿と重なった一年でした。同僚や友人から、

「よく地獄のような一年を耐えたな」

「病気にならないでよかった」

と言われましたが、学校長、職場の同僚の支えのおかげでなんとかもちこたえられたと思います。つらい一年でしたが、今まで見えていなかった自分の弱点や問題点が認識できた一年でもありました。卒業させた子どもたちに楽しい思い出が残せたか、父母に安心できる学校、学級であったかというと後悔ばかりが残ります。もし、その時の子どもたちと再会した時、私自身が教師という仕事の難しさと生きがいをどれだけ素直に語れるか、今、振り返れば「荒れて」いた子どもたちが私の前だけ悪態をついたというのは、様々な原因が考えられますが、いろいろな不満や甘えを私にぶつけていたともいえるからです。子どもたちの言動から、私が学校に行くことが苦痛になり、何度も休みたいと思った点から矛

盾するようですが、「先生、何とかしてくれ」「私をもっと見てくれ」という叫びだったかもしれません。それをうまく受け止められなかった私自身の課題として残されたように思います。

【注】（1）拙論「教師の指導力について」『京都民教連通信』2002年70号
（2）拙論「教師の苦悩と生きがい」『教育』1996年1月号
（3）大谷和明・TOSS横浜編『崩壊しない学級はここが違う』2006年、明治図書出版
（4）久保齋『一斉授業の復権』2005年、子どもの未来社
（5）坂元忠芳『「恵那の教育」資料集1：ほんものの教育を求めつづけて：1945〜1999年』2000年、桐書房

【初出】『教育』2007年1月号
『学級崩壊：荒れる子どもは何を求めているのか』2011年、高文研に再録

『教育』二〇〇七年一月号「教師受難」の時代に教師として生きるの特集で、私は「今、教師を続けるということ」という拙文を書きました。それは転勤した二〇〇六年初めて全国編集会議が開かれ、当時の田中孝彦委員長・編集長に「学級崩壊」について書いてみないかと依頼されたのがきっかけでした。当時の様子を正直に書いた記録でした。雑誌が発行されると多くの方から手紙や電話がかかってきました。前後しますが病院先から電話があった香川の中尾さん、故人となられましたが滋賀の小嶋昭道さんからは長文の手紙をい

ただきました。いずれも拙文に対する激励の内容でした。のちに関西教科研の代表となられた久保富三夫和歌山大学名誉教授から「大学の授業で話してほしい」と驚くようなお願いがありました。滋賀の石垣雅也さんから「若い仲間の集まりで話してほしい」と依頼がありました。私は「かっこ悪い話で何も報告するような内容ではありません」と固辞したのですが「そういうことを今こそ語ってほしいのです」と丁寧に言われました。「学級崩壊」状況について書く中で私自身は少しずつ落ち着いてきたのですが、こうして話す機会を思いがけず与えていただく中で「自分だけじゃないんだ、多くの方が苦しみ悩みながら教師を続けておられるんだ」と逆に励まされ「情けない自分」という当時の思いが変化していったことを今でも覚えています。

この時期に京都で教科研大会を開催することになり、関西で全国委員を中心に実行委員会を結成しました。毎回、実行委員の話と実務の会議を続け大会開催に向けて取り組んでいきました。この時私は事務局長のポジションだったので、そこで体験した思いを継続したいと強く思いました。その経験が関西教科研結成につながっていきます。

２ 一人で悩まないで、思いを語り聞いてもらって
――実践の行き詰まりの中で受けた様々な支援――

三月に卒業させて、四月、十年ぶりに職場を変わりました。十三年ぶりの四年生担任です。中間休みに子どもたちとドッジボールをすることになりました。一緒に遊んでいると子どもたちが、

「先生、ドッジやる？　無理したらあかんで」

と言ってくれます。必死にボールを投げると、

「先生、本気だしたらあかんで」

とも言ってくれます。そんな言葉が嬉しいです。嬉しい言葉をかけてくれたと思ったら一方で、

「先生、定年まであと何年？」

とシビアな言い方もします。若い先生が多いからかもしれませんが、子どもにとっては自分の父親よりずっと年上の人に見えるのでしょう。いずれにせよ子どもにとって信頼される教師になるには、いくつになってもこれで終わりというものがないように思います。

若い教職員の学習会からもらったメッセージ

人に語り、文に書いたりして時間がたつと、ようやく当時のことをさらに客観的に振り返れるようになりました。人に語ると、なぜか「大変やったな」と笑いながら反応してくれます。そしてその人の失敗談や、つらかった時のことを話してくれます。つらかったこと、苦しかった体験の共有ができました。

しかし、今でも当時の様子を夢に見ます。子どもたちに出会ったらなんといえばいいか、また嫌なことを言われるのではないか、父母に会ったら何を語ればいいか、冷ややかな目で見られるのではないかなどと思ってしまいます。

ただ、当時の同僚に会うとホッとします。自分の一番大変だったことを知ってくれている人たちに再会したという気持ちになります。大変お世話になったので、今でもうちとけて話すことができます。転勤してからの私の体のことを気使ってくれます。感謝にたえません。

精一杯、今の持ち場で頑張ることが、当時の子どもたちと父母に対する私のメッセージになるのではないかと思っています。無理かもしれませんが、いつか当時のことを振り返って自然に、子どもたちや父母と語り合うことができればと考えています。

先日、若い教職員の人たちの学習会に参加する機会がありました。私が当時の様子を話したあと、ある方からこんな感想をもらいました。

「過去と他人は変えられないが、未来と自分は変えられる。だから頑張ります」

メッセージのような嬉しい言葉でした。自分の困難な状況を話す中で、あらためて、大変な状況に遭遇しても誠実に実践されている人たちがたくさんおられるということを理解できたのも私にとっては大きな収穫でした。過去の自分のつらさ、苦しさを語ることは大変なことだけど、お互いが語り合う中で、新たなつながりができてきます。教師になった初心を忘れずに、迷いながらも可能なかぎり、これからも現場の中で学んでいきたいと思います。

以下は前記の手記執筆からしばらくして時間を経て、さらに私なりに見えてきた思いを綴ったものです。

子どもたちの暴言に心が萎える

私はクラスが「学級崩壊」状況になった時、管理職や加配の同僚に複数で教室に入ってもらいました。私が授業をして、そばで見てもらうという体制を学校全体でとってもらいました。私ひとりの力では指示がはいらないし、集団をまとめることができなかったから、私にとってはありがたかったです。一人ではどうすることもできなかったので、わらをもすがる思いでした。しかし、半面、ずっとまわりから注視されているというのは緊張するものでした。子どもとの信頼関係がうまくいかない時は、何をやってもかみあわないし、授業はもりあがらない。まわりに私以外の教師の目があるから、一定、静かになりますが形の上だけだから響きあうものがありません。子どもたちは、

「一人では何もできないから他の先生を呼んでくるのか。自分でやれ」

「教師失格や、やめたらいいのに」

何か注意すると、

「教育委員会に言うぞ」

と聞こえよがしに叫んできました。(1)

子どもたちからこんな言葉をかけられると正直、心が萎えました。学校には行きたくないし、体重はどんどん減るし、何をするのもやる気がなくなってきました。

「さっさと休んだらいいのに」

「休むまでやるぞ」

エスカレートした子どもたちはそんなことまで言うようになりました。休むというのもひとつの選択肢でしたが、私は休みませんでした（私は状況によって休職するのは教師の健康上、必要だしありうることだと思います。困難な状況に陥った時に休むことも大切で

す）。

一人では何もできないけど

なぜ、休まずに仕事ができたのか。それは職場の仲間の支えが大きかったからだと思います。子どもとの関係がうまくいかなくなると、父母の反応も厳しくなります。はじめは支持して下さった父母も、

「子どもになめられています。厳しさが足りないからです」

「子どもの言い分をしっかり聞いて下さい。やる気があるのですか」

どれもこれも、本質をついているので反論ができずつらい日々が続きました。

私は、まず、学年の同僚に状況をくわしく話しました。組合活動でも一緒に苦労をしてきた方で、

「子どもたちが『一人では何もできんやろう』と言ったら、集団でつるんでいるんだから、『先生も集団で対応してる』と言えばいいよ」

「吉益さん、話すことは得意なんだから、自信をもちや。体は大事にして」

と励ましてくれました。そして生活指導部にたえず問題提起をしてくれました。小学校の場合は、学級担任がすべてを見るために全責任をおっています。どうしても、子どもとう

まくいかなくなると（自分の力が足りないから、はずかしいことだ）と思って自分を責め、自分のからにとじこもってしまいます。そうすると事態は進展しないし、ますます悪くなります。できることなら自分の否定的な事象は人に話したくないのが本音です。心がつらくなり、自分に自信がもてなくなります。しかし、一人で悩んでいるだけでは、何も解決しません。

生活指導部で話してもらったことは、職員会議や研究会で論議しました。私自身が語りきれないことは他の同僚が話してくれました。

はじめは、自分の恥のように思ったり、無力感におしつぶされそうになりました。けれど、みんなの前で事実を話していくと気持ちが楽になりました。

子どもとの関係づくりがスムーズにできないということは、私自身の指導上の問題や弱点があることは明らかです。その上にたって、だからこそ打開の方向を見出すために同僚の知恵と力を貸してもらおうという発想にたつようになりました。

さらに自分ひとりでは何もできないけど、正直に自分の悩みや苦悩を語れば必ず人は助けてくれるということもあらためてわかってきました。

管理職にも素直に実情を話しました。自分の今後の方向と悩みを、語りもしましたが、文書にもまとめて報告することにしました。悩みを聞いてもらい、自分で書きながら整理していくと気分的にも楽になってきました。

　今まで、あまり話さなかった職場の仲間とじっくり話すようになりました。私自身が、何度も同じことを繰り返して話していたので、聞く側の方は、なかなか大変だったと思います。しかし、実践上、大変な事態になっているのに平静をよそおって、何も語らなかったらもっと精神的にまいっていたと思います。実際に「うつ」的な状況の一歩手前の状態だったのですから。職場のあらゆる立場の人に話しました。

　用務技手さんは、

「だいぶ、教室が荒れてるみたいやな、体、大事にな」

　給食調理員さんからは、

「先生、大丈夫ですか、給食、多めにいれといたからしっかり食べて下さいね」

　はずかしいやら、情けないやら、はじめはつらかったですが、次第に、その様々な声かけが自分自身の励ましになっていきました。

子どもたちの甘えと「攻撃性」

　子どもと教師の信頼関係が成り立たないと、子どもに対して指示がはいらないし、子どもが教師に相談するということもありえません。

私は、子どもたちが発する私に対する言動、誹謗、中傷、暴言の数々に対して、子どもたちの攻撃性という点で、当時は分析していました。しかし、よく観察してみると、今まで私に対して、よく話したり、相談して慕って（？）くれていた子どもたちが、集団の荒れと比例して、一番、反発したり批判的になっていました。

もちろん、はじめから「反抗的」な行動をとっていた子もいましたが、子どもたちは他の教師に対しては、特別、反抗的な行動をとったりしませんでした。もちろん、子どもによっては、怖い教師、優しい教師に対する態度が変わるということはありうることです。しかし、この時は、私に接する態度と他の教師に接する態度が集団的にあまりにも異なっていました。私の前では「死ね」と叫ぶのに同じ学年の教師や校長に対しては、敬語を使うということがひんぱんにありました。

同僚との話し合いで、

「吉益さん、あなたに甘えてるんやで」

「いろいろ悪態をついても、子どもたちに、暴力をしたり、威圧的におさえようとしないことを知っているんやで。だから悪態をつくんやで」

当事者の私にすれば、つらくて苦しいことでしたが、なぜ子どもたちがこういう行動をとるのかという複眼的な見方ができてきました。矛盾しているようですが、

（先生、なんとかしてよ、こんなはずやないよ）

（私のこと、もっと好きになってよ）

（今までの元気な先生になってよ）

という心理の裏返しではなかったかと今になって思うようになりました。「荒れてる」状態で、私を支持するような態度にでれば、「いじめ」の標的になるかもしれなかったから、ある面、自分を守るために反抗的な態度をとることが、その時の賢明な方法だったのだと思います。


私自身の見通しの甘さや、指導の弱さを棚にあげて虫のいい言い方ですが、私に対する、甘えが、子どもたちの「攻撃性」となってあらわれたのではないでしょうか。そんなふうに思うようになりました（しかし、実際にその当時は子どもたちのこれらの言葉に私自身、傷ついたし、自信もなくなり体重が極端に減っていきました。時間がたった中で考えたことです）。

私は、子どもたちの生育暦を調べる意味で、過去に低学年、中学年で担任されていた同僚、今まで一緒に学年を組んだ人たち、転任された方にも話を聞いてもらいました。


「本当に教師がきらいで、何も思っていなかったら、子どもたちは何もしない」

「ある面、子どもたちは、ためしているのと違うかな」

いろいろな分野からの意見は、子どもに対する見方を大局的にみるうえでも、子どもを理解するうえでも、自分自身の気持ちを落ち着かせる意味でも役にたちました。事実をリアルに話すということは、すぐに問題解決にはなりませんでしたが、私自身の力になったように思います。もちろん実際のところは、(卒業まで、あと何日だ)(なんで、こんな目にあわねばならないのか)とか、(休みたい、学校に行きたくない)という気持ちが何度も交錯していました。

ただ長い教師生活で、こんなことを体験するのもムダではないし、必ず次に生かしていこう、ここでへこたれてたまるか、と考えました。実際の局面は一進一退でなかなか変えることはできませんでしたが、あきらめないことも思いとしてはありました。

父母のシビアな意見の裏側は

父母の意見も、

「男の先生に受け持ってもらって期待しています」

「やっと先生に受け持ってもらえてうれしいです」

といった四月当初の声から、

「存在価値があるのですか」

「授業が面白くない。指導力がない」

と変化しました。

　まるで天国から地獄へのような局面でした。しかし考えてみると父母の意見の裏側も
――先生、何とかして下さい。学校では先生が頼りなのですよ。

――私たちにできることはしますよ。頑張って下さい。

という願いの反映だったかもしれません。緊急クラス懇談会で参加者の多くの方から、厳しい批判の声が出ましたが、別の場所で、

「先生、なんにもあの場で応援できなくてすみません。先生のやり方はまちがっていませんよ。体、大事にして下さいね」

と声をかけて下さる方もありました。教師という仕事はそういう意味では厳しい仕事です。普通の状態で当たり前、うまくいかなくなると徹底的に批判されます。

「ある面、教師はアイドルのようなものよ」

と、年配の女性の教師から聞かされたことがあります。たしかに私のような定年間近な「おじいさん」教師（子どもたちの年齢からするとそうなってしまう）に対しても「せんせ～い！」と遠くからでも手をふってくれます。そんな職業は他にはありません。子どもたちとの関係が一定うまくいっている時のことですが。一旦、信頼関係が崩れると、もう

ボロカスです。まさに極端だけれどアイドルと同じような側面をもつ仕事です。

当時は（父母の期待にこたえられなかったので大きなことはいえませんが）とにかく最後まで誠実に子どもと向き合うことだけを考えました。

自分の実践がうまくいっている時は舞いあがって父母の思いが見えなくなる場合がありますが、逆にうまくいかない時でも父母は支持して応援して下さるんだということも身にしみて感じました。

どんな時も自分の実践に対して、舞いあがらず、おごらず、落ち込まずと日頃思っていたことをあらためて痛感しました。(2)

それでも教師が続けられるのは

毎年、四月になると「また今年一年無事に仕事ができるだろうか」という不安で、自分自身の気力を充実させるのに時間がかかります。同期の仲間が一人、二人とやめていかれます。ある人は親の介護で、ある人は体力、気力がもたないといって現場を去っていきます。その理由が何であれ今まで一緒に仕事をしていた仲間がいなくなるという、いいようのない焦燥感と寂しさが去来します。

そんな時、自分がなぜ、教師になったのか、自分の教師としての生きがいとはなんだろうか、もう一度、原点に返って考えてみます。うまくいかないこと、失敗したことが圧倒的に多いのですが、やっぱり、子どもたちの笑顔、父母のひとこと、仲間の励まし、そして何よりも自分が担任している目の前の子どもたちが好きかどうか、どんなに大変でも、どんなにてこずらされても、かわいいなあ、と思い続けられるかどうかが、試金石のように思います。

私の場合、そのどれか一つのことがあったから、今まで教師を続けられたのだと思うのです。

失敗や悩んだことをあえて語る

とはいえ教師の仕事に対する世間の風は向かい風です。

「指導力不足教員」「優秀教員」というふりわけ、教職員評価の中で、いかに黙々と効率的に仕事をし、子どもを指導できるか、学習規律、生活規律が確立され、子どもどうしのトラブルを一切起こさせない教師が、力のある教師[3]という風潮が強く働いています。そうでない教師は「給料どろぼう」ということで即刻やめてもらえばいいという流れがあります。私などは客観的にみれば、完全な「窓際族」ということになります。若い教職員の人たちは、あまり職員室でも子どものことを語らず、ましてや失敗したことなどは話しません。私は自分自身の経験からですが、教師が教師として成長する時は、失敗した時や、うまくいかなかった時を振り返る中で鍛えられるのではないかと思っています。

もちろん授業の力量をあげること、生活指導できめ細かくみていく、学級集団を高めていくことなどは必要なことですが、数値目標や効率だけで成果をあげることに奔走するのでなく、目の前の子どもたちの事実で悩み、喜び、仲間と父母と共に語り合う。そんな教師として生きる姿が大事なのではないかと考えています。今、私は、自分の悩みや失敗を、むしろ積極的に多くの人に話すことを意識的にするようにしています。勝手な思い込みかもしれませんが、失敗や苦悩を語り分析することが、自分のスタイルだし、現場で生きる今、自分にできる仕事ではないかと思っています。

そして私が自分の失敗や悩んだことを話すとなぜかしら、その場にいた人はよく笑います。そして、同じようなつらい体験や思いをあとで話して下さるのが共通しています。京都教育科学研究会の野中一也代表（当時）は、私がいろいろ相談すると、

「人生、なるようにしかならんよ。そんなに落ち込まんと」

と、よく言われます。なんとなくその考えというか思想がわかってきたように思います。

四年ぶりの再会

あれから四年たちました。私は偶然、病院で当時の学級の子どもと再会しました。当時、私に「死ね、消えろ」と罵声をあびせていた子でした。

（何を話そうか）ともじもじしている私に、彼は、にこっと笑って、

「先生　どうなされたのですか」と声をかけてくれました。

「ちょっと、つまずいて足をねんざして」

と言うと、彼は、

「そうですか、ところで、おいくつになられました？」

と聞いてきました。

「五十八歳、あと二年だよ」

と言うと、また笑って聞いていました。いろいろ話そうと思っていたのですが、ちょうど私の診察になったので話はそこで終わりました。

「お大事に」

彼は病院を出ていきました。

たったそれだけのやりとりでしたが、私はものすごく嬉しかったです。

最近、やっと当時の学校の近くを歩くことができるようになりました。

【注】（1）拙論「今、教師を続けるということ」『教育』２００７年1月号
（2）拙本『子ども、親、教師すてきなハーモニー』１９９５年、かもがわ出版
（3）田中孝彦他『教師の子ども理解と臨床教育学』２００６年、群青社

【初出】『教育』２００７年11月号
『学級崩壊：荒れる子どもは何を求めているのか』２０１１年、高文研に再録

3 「学級崩壊」子どもの心・父母の心・教師の心

「学級崩壊」という言葉が以前ほどマスコミなどで取り上げられなくなりました。しかし、現場では深く沈殿しているように思います。学級が少し騒がしいと「『学級崩壊』になっている」と若い教員が管理職から叱責されたり、「『学級崩壊』にならないために新学期の3日が勝負です」と新任研修で強調されたり、教師の精神疾患の原因のひとつに「学級崩壊」が影響しているとも言われています。

今日の教育現場においては、もし仮に困難を抱えている子どもたちや父母が学級に複数でも存在すると、どんなにベテランの教師でも若くて元気な教師であっても「学級崩壊」が起こりうる状況であるといっても過言ではありません。

この小論は「学級崩壊」が子ども・父母・教師の三者の心、それぞれにおいてどのよう

な影響を及ぼすのか、私自身の体験を振り返りながら考えてみようと思います。

「先生に話してもどうしようもないもん」

クラス替えの持ち上がりの六年生を担任した時のことです。何かしら数人の女子としっくりいかないいなあと思っていたら、五年生の時にいろいろと相談にのっていた男子の持ち物が破損したり、なくなったりすることが続きました。話をしようとすると「もういい、先生に話してもどうしようもないもん」と、とても悲しそうな顔をして、私のそばを離れていきました。あんなに五年生の時にいろいろと話したU君の言葉に私は驚きました。その頃から教室で私の指示がはいらなくなり、何か私が話すと「死ね、はげ、教育委員会に言うぞ」という暴言が横行するようになりました。[1] 授業中の立ち歩き、私語の蔓延、信じられない「風景」が私の目の前に起こってきました。「いじめ」のことで注意したり、子どもの暴力行為をたしなめても事態はおさまらず「ひいきや、私らを信用しいひんのか」と女子を中心に反論してきました。私は自分だけではどうにもならないので、学年、管理職、すべての教職員に事態の状況を話し、私自身の指導の問題点も示して援助を頼みました。

可能な限り管理職も含め、複数の教員が私の教室に援助に入ってくれて、どうにか卒業させせることができました。しかし、子どもたちとの関係は改善できず、誰か他の教職員が教室にいると静かになるのですが、私ひとりになると教室は無法状態のようになりました。自分自身がとてもみじめになり、落ち込みました。誰かに学級の様子、苦しい胸のうちを聞いてもらっていると気持ちが楽になるのですが一人になると鬱的な状況になり、何をする気も起こらず、不謹慎にも（ケガか骨折でもして学校を休めないだろうか）と考えたり、家から学校になかなか登校できなかったり、職員室から教室までの移動も学年の同僚につきそってもらわないと行けないという状態が続きました。「学級崩壊」状態というのは、いわば「教師いじめ」のような形になり教師自身が精神的に耐えられない状態に陥るのです。

私は何度も休職したいと思いましたが周りの援助もあったので、ひたすら状況をまとめ、書き、全教職員に聞いてもらうというスタンスを取り続けました。事態の根本的な解決にはなりませんでしたが、私自身はギリギリの所で医者や薬に頼るという状況にはならず、その学年を終えました。

多くの人に悩みを聞いてもらったことが危機的状況をまぬがれたともいえます。しばらくたって多くの人から「家族に話すことができましたか」とか「なぜ職場の人に学級崩壊の状況を話せたのですか」という質問を多数受けました。私の友人からベテランの教職員が「学級崩壊」のような状況から命を断った話を聞いたことがあります。すべての原因は究明できませんが、教師は自分が「学級崩壊」的状況になると「たかが子どもに大人が何をしているのか」「教師の指導力不足だ」等のまなざしが気になり、惨めな自分を同僚には語りたくないし、家族には心配をかけたくないという思いからも真実を語れないのだと思います。いじめられた子どもが父母や仲間にその事実を語らないという心境と同じようなものではないでしょうか。そして次第に自分を責め精神が病んでしまうのです。

「先生に存在価値があるのですか」

では父母にとって自分の子どもの学級が「学級崩壊」のような状態になったらどのような感情になるのでしょうか。

私の場合の緊急学級懇談会の様子を再現してみます。私はほとんど父母の意見を聞いているだけで反論も何もできず、ただ沈黙して謝罪するだけでした。

「だいたい、先生の存在価値は何ですか。教室にいても何もできないでしょう」

「先生は子どもの問題行動についていろいろ言われますが、子どもの言い分と全く違います」

「こういう状態になったのはすべて先生の責任です。子どもになめられています」

学級が困難になる前は「先生に担任してもらって嬉しいです。期待しています」

「高学年は男の先生にお願いしたい。前から先生の評判は聞いています」「一人ひとりを大事にしてもらうのでありがたいです」と語っていた父母の言葉です。

私は一瞬、耳を疑いましたが何を言っても言い訳になるので、「申し訳ない気持ちと援助を受けながら最後までできるだけのことをしたい」と言うのが精一杯でした。父母の言葉の意味は何なのでしょうか。やはり子どもたちを預かっている教師にとって学級を普通の状態にするのが当たり前だろうし、その状況が悪化するということは父母の怒りや不満は当然湧き上がることだと思います。ある意味、私が期待を裏切ったわけですから、その分、激しい叱責のような言葉を浴びせられたのだと思います。教師という仕事の宿命です。

ただ、こういうふうに思うようになったのは数年たってからで、当時は（確かに私の責任はあるけど、子どもの暴言や暴力に対して何も問題がないのか。だめなものはだめだろう。言われっぱなしか）と悔しい思いをしたことを今でも覚えています。その学級懇談会で何も語らなかった父母の中に、後で個人的に「先生、何も援護できなくてごめんね。先生は一生懸命やね。でもあの場では言えなくて」と語ってくれた人もいました。しかし、一旦「学級崩壊」状況になると多様な意見交流は不可能で教師の力量不足という形でどうしても結論がまとまるように思います。このことも教師が精神的にまいってしまう要因ではないかと考えます。

「休むまでやるぞ」

では「学級崩壊」状況になった時の子どもの思い、心理はどうなのでしょうか。私の場合、数人の女子の反抗というのが始まりでしたが、[2] 一番、私に暴言をはいたり暴力的行動の中心になった子どもたちは私が五年の時に担任し、相談をもちかけてきたり一緒に遊びに行った子どもたちでした。前述のU君にしても、中心になっていたA君やB君もそうでした。A君は私が何か行動すると「死ね、殺すぞ、教育委員会に言うぞ」ときまりきった言葉を繰り返し、B君は私が授業で顔をひきつらせながら笑おうとすると「笑うな、ニヤニヤするな」とよく言いました。

彼らの言葉の意味がよくわからず、あまりにも違う言葉の質に当時の私はとまどい悩み、「わからない、なぜあんなことを言うのか、あんな言い方は許せない」という思いがつのりました。学級の状況が荒れてくるとA君が「あいつが休むまでやるぞ」と聞こえよがしに叫んだことを覚えています。

今、考えてみると彼らは五年の時のようにふるまえない私にいら立ちを感じていて、どうしようもない情動的な叫びを私に浴びせ続けていたのではないかと思います。私以外の人が授業をすると、彼らを含め子どもたちは見違えるように態度が変わり積極的に発言し意欲的に授業に臨んでいました。思い過ごしかもしれませんが、私に対する期待が大きかったのに期待を裏切られた思いがあのような行動に及んだのではないかと思います。それはプロ野球で期待していた打者が凡打をしたり投手が抑えられずに逆転されたりすると観客が選手に罵声を浴びせる事態と似ています。その選手の人格を否定しているのではなくて期待を裏切られたことに対する感情（情動）がそういう言葉を発しているのです。

当時、自分自身の忙しさと怠慢から、子どもたちと正面から向きあえなかった私の問題が小学生の彼らの行動に影響していたのではないかと今にして思います。

そう思うのは、卒業式のあと誰も私のまわりにこないのに、A君は記念写真の輪の中に私をさりげなくさそってくれました。B君は数年後、病院で再会した時、私の体のことを心配して声をかけてくれました。個々人の思いの中にはそうした人間的な感情があったと思うのですが、集団となると難しく「教師いじめ」でまとまるのです。当時「先生をかばったら自分がいじめられるから」と話していた子どもがいました。今でこそ冷静に振り返ってみて思うことなのですが、当時は「子どもの甘えの表現だ」と言われてもなかなか理解できず、子どもの問題行動、攻撃性ということで私は分析していました。私は何をするにもやる気がなくなり、一人で買い物にも行けないという状態が続きました。当時、目の前の子どもたちとの信頼関係が崩れたことは、教師として生きる上で一番つらいことでした。

「当時は何もできなかった」

指折りかぞえて、子どもたちとの生活が終わることを祈るように思っていたのに、矛盾するようですが、子どもたちの行動について前述したように考えるのには一定の時間がかかりました。しばらくは当時の学校の地域には車で通ることも嫌でさけていました。もし子どもたちや父母に会ったら暴言を浴びせられたり叱責されるのではないかという不安がありました。

親しい人に話したり、当時の状況を記録にまとめたりする中で、私自身はかなり当時のことを客観的に振り返ることができるようになりました。もう一つは、私が大学の非常勤講師で教職論の授業を学生と学んだ時に考えたことです。「学級崩壊」をテーマとして、静岡県の小学校教師の故木村百合子さんの事件(3)やベテラン教師の休職の事例を紹介しました。

木村さんが憧れの教師になり期待をふくらませていたのに自死したのは自己責任なのかという問いについて考えました。学生たちの意見は大きくわけて三つありました。『学級崩壊』というのは力量のない教師のことだと思っていた。でも木村さんは一生懸命取り組んでいたし、ベテランの経験ある教師にも『学級崩壊』が起こることがわかった」「木村さんは新任だったし、経験不足なのだから自己責任とはいえない、同じ職場の先生はなぜ、助けなかったのか」という意見でした。そして最後に自分が小学校時代に「学級崩壊」を体験した子どもたちは「当時はまわりに流されて先生を攻撃していた。先生が休んでも担任が変わったのかぐらいの気持ちだった。でも今日の学習で自分の担任が命を絶たなくてよかったと思った。何もできなかった自分がはずかしいです」という感想がいくつかありました。教員志望の学生だから真摯に自分を振り返ったともいえます。単純に学生の意見から「学級崩壊」の状態の時に中心的になっていた子どもたちがすべて反省しているとか、後悔しているという結論は出せませんが、必ずしも当時の担任に対して否定的な感情を持っているのではないということがわかりました。

私が自分の体験の中でも語ったことですが、仮に「教師いじめ」ということで「学級崩壊」状況になり学級が固まった状態であっても、集団の力学で正常な判断が子どもたちに働かない状況であったとしても、担任の教師に対する個人的な恨みや反感を伴って行動しているのではないということです。その時のどうすることもできない情動からきた行動が攻撃性に転化しているともいえます。渦中にいた多くの子どもたちはあまり覚えていないかもしれません。いじめた側は何も覚えていなくても、いじめられた側はずっと覚えています。私の場合はいじめられた側の言い分ともいえます。厳密に見てみると「学級崩壊」状態になった学級でもいじめの構造のように、中心的な人物、それらに同調する人物、何もしないが傍観する人物という構図ができあがります。私の場合を再度振り返ってみると、中心になって私を攻撃した女子のE子は六年になり大好きなお父さんが単身赴任され不安定な中で、私に正面から一番向き合ってほしかったのに、私が十分、対峙することができず、そのことが重なり感情的反発の度合いを高めていったのだと思います。[4] 困難なことですが「学級崩壊」の状態であっても一人ひとりの思い、その行動の裏側をよみとり対処することが大事なのだと思います。これも単身赴任されていたE子のお父さんと話してあとでわかったことです。当時の私は頭の中で理解しても行動には踏み出せませんでした。

終わりに

担任した学級を「学級崩壊」にしないということは当然の前提ですが、最初に述べましたように今日の現場は誰でもが、学級が困難、もしくは「学級崩壊」状態になる可能性が存在します。その時は思い切って休職するなどの処置をとることが大事です。長い教師人生の中でうまくいかないこともありうるのです。心身ともリフレッシュして次に備えればいいのです。教師の替わりはいますが、かけがえのないあなた個人の替わりはいないのです。たまたま私の場合はまわりの援助のおかげで休むことはしませんでしたが毎日、休みたいと思っていたのは事実です。

二つ目は、苦しい時、つらいことを安心して聞いてもらえる場を持つことです。サークルであっても組合であっても何でもいいのです。一番は職場の同僚がいいのですが、教員評価の影響もあり困難を伴います。その場合は職場以外の所で話す場をもつことです。教師は自分のプライドにどうしてもこだわる傾向がありますが、他の対人援助職の人たちはそういう場をいくつか持っています。また、医療や介護にかかわる対人援助職はクライエントについてのカンファレンスを当事者にそって検討しますが、教師の場合の子ども理解のカンファレンスはともすれば子どもの研究ではなくて教師への叱責に終わる事例が多いです。大切なのは、苦しいこと、つらいことを自分で抱え込まないことです。一人で抱え込むと心的外傷が蓄積されてしまいます。ある意味ＳＯＳを出す勇気が必要です。弱音をはくということは決して現実逃避ではないと思います。自分のつらさを聞いてもらうだけで気が楽になります。「オオカミが来た」式に何度も叫ぶのでなくギリギリの所で人に助けを求めれば必ず人はなんらかの助けをしてくれる、と私は自分の実感から確信しています。

今、子どもを「調教する」「動かす」という「強い」教師像がもてはやされる傾向があります。私は、教師自身が自分を研鑽し続けることを前提としつつ、形の上の権威にあぐらをかいたり、上から目線で子どもを見るのでなく、子どもの苦悩に共に寄り添いながら伴走者として生きる教師像が大切だと考えています。

私自身「学級崩壊」というつらい体験をしましたが、子どもや父母へのまなざし、同僚に対する見方は質的に深く考えられるようになったと思っています。もっとも小学校教師をやめる最後の瞬間まで悩みもがき迷いの連続でしたが、そこに偽りのない自分の教師生活の歩みがあったと考えています。

【注】
（１）拙本『学級崩壊：荒れる子どもは何を求めているのか』２０１１年、高文研
（２）拙本『学級崩壊』２０１１年、高文研、１００‐１０２頁（山﨑隆夫の分析参照）
（３）久冨善之・佐藤博『新採教師の死が遺したもの：法廷で問われた教育現場の過酷』２０１２年、高文研
（４）拙論「子どもの心の声と子ども理解：私の教育実践を通して」『臨床教育学研究』２０１４年、群青社、35‐48頁（子どもの心の声を聴きとる重要性を子ども理解と教育実践という立場で論述している）

【参考文献】
加藤義信『アンリ・ワロン　その生涯と発達思想：21世紀のいま「発達のグランドセオリー」を再考する』２０１５年、福村出版

【初出】『教育と医学』２０１６年5月号、慶應義塾大学出版会

第6章 サークルから学ぶ

二〇〇七年に京都の立命館大学で全国大会を開く過程で、毎回のように実行委員の学習会を重ねてきたので、この形を継続しようという思いが自然と共有され、関西全体の連絡を密にする意味で関西教科研を結成することになりました。兵庫での準備集会を経て二〇〇九年に大阪で結成総会を開きました。大阪の秋桜高校の実践報告、常任委員会から佐藤隆事務局長（当時）の「フィンランドの教育」についての講演がありました。年一回それぞれの地域の取り組みの集約として大会を開くことを確認しました。京都の教科研が事務局を兼ねるということで初代代表は野中一也氏に事務局長は吉益がすることになりました。

六月に開く年一回の研究集会は十三回になりました。新しい事務局も選出しました。集まることで関西の仲間のつながりも深まっていきました。二〇一五年は講座の連続学習会も企画しました。京都、大阪、滋賀、奈良と四回の全国大会を関西で開催する力になりました。

私自身は小学校の教師を退職して再び夜間の社会人大学院、武庫川女子大学大学院に入学しました。

「学級崩壊」で卒業はしたものの（大阪教育大学大学院）、中途半端に終わった大学院の学びを再度やり直す意味がありました。ここでは主として臨床教育学が学びのテーマでした。臨床教育学の観点から自ら「遭遇」した「学級崩壊」の状況を問い直す、教師論について考えてみるという問いの新たなはじまりでもありました。様々な対人援助職の方々との学びは新鮮でした。

教科研に加入して三十年がたとうとしています。年に一回の全国大会、毎月の雑誌『教育』を読み合うというのがかけがえのない日常になりました。

「学級崩壊」状況で苦しかった時、教科研の例会で何回も報告しました。それこそくどいぐらい話していました。大西さんや井上さんは静かに私の話に耳を傾けてくれました。例会を開催することができなくなった時、野中代表（当時）に時間をとって聞いてもらいました。野中代表は最後まで話を聞いて下さり「今のつらいことを記録にしなさいよ」と言って下さいました。関西教科研を一緒に作った今滝さんは「吉益さん、この前、田中委員長（当時）とお会いした時、吉益さんのことを心配されてたけど『彼の実践はリアリズムやからな』と言われてました。僕もそう思います（要旨）」と当時、さりげなく声をかけて下さいました。どんなに励まされたことでしょう。その後、教科研の大会やら学習会で何度も話す機会を与えてもらいました。話したり書いたりする中で不思議なことですが、トラウマのような思いも少しずつ消えていきました。能力・発達・学習の世話人でずっとお世話になっていた片岡委員長にハーマンの『心的外傷と回復』を読むことを勧めてもらったのもその頃でした。三十年にわたって分科会でかかわってきた事務局長の荒井さん、関西開催の大会でお世話になった佐貫元委員長や佐藤前委員長、地域の教科研のことでよく相談した池田副委員長、よく愚痴を聞いてもらった山﨑隆夫常任や石本副委員長など、お名前をすべてあげることはできませんがかけがえのない友人がたくさんできました。

教科研の仲間に話を聞いてもらい、私自身もいろいろな実践、理論を学ぶ中で自分を耕していったと思います。まさに教科研は私にとってもうひとつの学校でした。重複するところがいくつかあるのですが、その思いをまとめた手記を紹介します。雑誌『教育』二〇一二年九月号に書いたものです。

1 教科研との出会い　教科研は僕の学校
――私にとっての教科研――

私が教師になった頃、ある研究会に参加しました。「はっちゃんのことを真剣に考えるようになったぼく」という作品を一人の研究者の方が紹介されました。話された内容はほとんど覚えてないのですが、その読まれた作品の印象は強烈に覚えています。こんなにも自分の気持ちを正直に書くことができるものかと思いました。あとで、その作品を指導された方が丹羽徳子さんという方で、紹介された研究者が東京の坂元忠芳さんということを知りました。

以来、私は坂元さんの講演や丹羽さんの報告があると聞くと、いわば追っかけのような形で足を運ぶようになりました。お二人が教育科学研究会に関係されているということも知りました。思えば、これが私の教育科学研究会との出会い、雑誌『教育』を読むきっかけのように思います。

全国教研に参加して

一九八二年の頃、広島で日教組の全国教研が開催されました。私は保健の分科会で、学校全体で取り組んだ「子どもたちの心と体と健康」について報告することになりました。当時、生活点検が多くの学校で実践され、私の報告もそのことにふれる部分がありました。しかし当時の日教組の分科会の司会者や助言者といわれた研究者は、自分たちが気にいった報告と意見は述べさせても、気にいらないものは意図的に排除するという露骨な運営に終始していました。私が何回、挙手して発言を求めても指名してくれませんでした。

その時、分科会に参加されていた一人の研究者が私の報告について丁寧に聞いて下さり成果や課題を話して下さいました。そして分科会の運営がどんなに非民主的であっても、めげずに発言をするように励まして下さいました。初めてお会いした方でしたが、あとで教科研に所属しておられる藤田和也さんと知りました。

後に藤田さんから、雑誌『教育』に原稿を書いてもらえないかと依頼された時、一緒に参加した谷口さんととびあがって喜びました。

子育ての思想

学童保育の父母の学習会で大変わかりやすい話をされる方がおられると聞いて学校の教育講演会にきていただいたのが当時、東京の大学におられた田中孝彦さんでした。全く面識がなかったのですが、私が電話でお願いすると快諾して下さりわざわざ京都までかけつけてきて下さいました。その後、丹羽徳子さんも講演会に恵那から来て下さり、子ども論の学習、生活綴方の学習、研究が学校で展開されるようになりました。偶然とはいえ私が出会った魅力的な研究者や実践者の方と話をするうちに私は教育科学研究会に加入しました。初めて教科研大会に参加した一九八六年の白浜大会、控え室におられた当時の山住正己委員長がニコニコして私の入会申込書を受けとって下さったのを、今でも鮮明に覚えています。

父母とともに学ぶ教育講演会

一九九一年第三十回大会が京都で開催された時、私は雑誌『教育』に「父母とともに学ぶ教育講演会」という報告文を書くことになりました。地域で教育講演会を開いたという内容なのですが、「うそが書いてある」「ふるさとのイメージをこわした」などの理由で議会である議員から名指しで攻撃される、ある団体から批判文が出る、あげくのはては人事で報復するという事態が水面下で進行するという異常な事態に遭遇しました。

しかし、憲法に保障された思想、信条、表現の自由をかかげて市民的に戦い、不当な攻撃をはねかえすことができました。当時の教科研の事務局長、太田政男さんが何度も電話や手紙で励まして下さいました。

その後、三人の仲間と一緒になって京都教科研をたちあげました。一九九二年の四月です。以来、毎月の例会と通信を続けています。雑誌『教育』を軸に、自由に自分の思いや問題意識を語り合えるまさに至福の時間です。

京都から関西教育科学研究会の発足へ

現在、例会は三五六回、通信は三七四号になりました（二〇二四年四月時点）。三十年間、ほぼ毎月のように例会を開催し、通信を発行してきました。発足当時から野中一也大阪電気通信大学名誉教授が毎回、出席して下さり、一緒に討論を深めて下さいます。雑誌『教育』の読書会ということで毎回レポーターを決めて出席者が少なくても続けてきました。

二〇〇八年に第四十七回大会を京都で開催したのをきっかけにして関西全体の組織づくりとして関西教育科学研究会を発足しました。年一回、大阪、奈良、滋賀、そして準備会〇回の兵庫開催を含め、毎年、開催しています。

小学校の教員になり三十数年がたちました。この三月で退職です。嬉しい時もつらい時も、いつも私の心の支えに教育科学研究会がありました。

教育科学研究会、それは私にとって、かけがえのない、もうひとつの学校です。

【初出】『教育』２０１２年9月号

毎月の例会活動の実際を紹介します。

2 毎月の例会で　受けとめる

――子どもを受けとめることと教師の指導について――

本稿は、今年の全国教研の不登校分科会の京都代表レポーターである上野志保子さんの実践報告と問題提起を軸に、乙訓どの子も伸びるサークルと、京都教育科学研究会の例会での討論を座談会風にまとめたものです（実践の詳細は、『どの子も伸びる』一九九六年九月号参照）。

上野さんの問題提起

登校拒否、不登校の子どものとらえ方・接し方について考えさせられたこととして三つの柱でまず話されました。

⑴受容と指導は矛盾しないのか

ただ受けいれるのでなく「共感的受容」をすることが大切。子どもの言動の奥に隠されている願いを感じる心をみがくことで「共感的受容」ができる。例えば、夜中に「ラーメンを買ってきて」という子どもの訴えに対して、ラーメンを買いに走ることが、本当の願いをくみとったことにならない。自分の心をいつわって、受けいれなければと力んで受けいれているのはダメで、そのいつわりに子どもはすぐ気づく。本来、援助して子どもを伸ばす指導は、受容と矛盾しないと力説されました。

⑵ありのままのあなたでいいと言うことの意味は何か

自らの発達要求からでなく、周りの期待に合わせて、頑張ってきて心身共に疲れてしまった子にとって「頑張ってね」はプレッシャーになる。今までのような頑張り方はしなくてもよい。頑張らなくても、ありのままのあなたでいいと言ってあげることで安心感が育つ。安心できると自らの発達要求であてをもち、頑張るようになる。けれども自らの発達要求で頑張れるようになった子に、「ありのままのあなたでいい」と言うことは、新学力観の「おまえはその辺でいい」というのと同じになってしまうから、気をつけないといけない。

(3)待つことと見守ることは何もしないことか
子どもの状態によって待ち方は様々だけど何もしないということではない。子どもの思いを聞く耳をもちながら待つ。大人の考えを言うが、どうするかを決めるのは子どもだから、「強制はしない」と言って待つ。手紙やお知らせを渡すが、返事を期待しないで待つ。一緒に遊ぶが、登校刺激はしないで待つ等々。

上野さんはこの三つの話に加えて、家庭訪問のあり方、教員の家族の不登校の事例、登校拒否、不登校を克服するとは、どういうことなのか、居心地のいい学校、学級とは?、民主的教職員集団の関係についてもふれられました。

サークルでの討論から

司会　はじめに、感想から自由に。共感的受容をめぐって、どうですか?

中井　大変な中での楽しい実践という感じで聞かせてもらいました。ただ教師の立場とカウンセラーとは違うので、いったん受容と指導は矛盾するものとして考えてはどうでしょうか。その上で、一人ひとりの子どもたちを受けとめること、子ども集団をどうみるかという二つの側面から考える必要があると思います。

小田　上野さんの提起はよくわかった。でも誰でもできることではない。職人的な実践のような気がする。胃が痛くなる毎日が続く中で、子ども観について、今後も深めていかねばと思いました。

野村　楽しくて、生きがいになる子ども観ですね。私は今、大学にいるけど、大学生のカウンセラーも、講義以外に担当している。学生相談がものすごく増えている。大学生は友人関係、教授との人間関係で悩んでいる。ただカウンセラーと教師とは、さっきも出たけど質的に対応も含めてちがうと思う。その上で、小田さんが話した疑問というのは現場的にはどうなのだろうか。原則的には上野さんの提起に賛成だが、様々なしんどさがあるから、なかなかストーンと落ちないのでは……。

井口　関連するかどうかわかりませんが、頑張れ、頑張れと、子どもに言いすぎると追いつめて不登校が生まれると言われて迷った時がありました。たしかに若い頃は、一面的だったと思いますが。……頑張らない子どもたちがいたら、頑張らないことをどう受けとめ、励ますかが大事なのであって、頑張れと言ってはだめということはないと思うのです。

上田　今の子どもたちを見ていると、できないことを見せたくないというか、結果をものすごく気にしていると思うの。自信がないのかな。

藤田　私は教員でないので、少しズレるかもしれませんが、共感的受容について感じたことを言います。最近、アメリカの家族の様子を聞いてみると、気を使いすぎて、けんかができない。そのくせ、いきつくところまでいって崩壊するという例が多いと聞きます。

お互いに対等な一個の人間として接することがむずかしくなっていると思うのです。親の方でも理屈ぬきに子どもがかわいいと思えない親が増えていると思うのです。親もカウンセリングをされないと……私はお互いに本音がどれだけ語れるかが今の時代、ものすごく大事だと思うのです。

森田　私は教師の立場からの発言になりますが、今のクラスに何か自分ができないと頭をうちつけたり本をやぶったりする子がいるのです。その子を見ていると、どちらかというと受容一本になっているように思うのです。

小田　どうして指導しないのですか。

森田　うまく言えないけど、その子を見ていると、頑張れと、なかなか言えない。私の中に何か、その子にぶつかっていこうという気がわかなくて、まあ、ありのままでいいかという感じになってしまうのです。

吉田　僕も不登校だった子が学校にくると何か遠慮してしまって、その子の行動が気になっても、そのまま見過ごすという時があります。

木下　私は受容といっても距離があると思う。私の場合は、どうしても自分を責めてしまう。人によって違うけれど、自分のいたらなさがあの子を不登校にしているのではないかと思ってしまうのです。

松井　それは、その子を信頼しきれてないのではないか。口では、そのままでいいと言いつつ、その子の変わる可能性に展望がもてないから、せまりきれないのでは？　登校拒否というのは、むしろ学校にくるようになってからが大変だと思うけど。

司会　迷いや悩みもかなり出されましたが、今度は居心地がいいという点から感想意見をのべて下さい。

井口　ひと口に居心地のいいクラス、学校といっても口で言うのは簡単だけど、なかなかむずかしいと思います。最近は、高学年のクラスで、もめ事が多いので、班を決める時でもすべて抽選という所が、増えているということを耳にします。

中村　今の子どもたちはストレスがたまっています。友達関係や、勉強のことで。人間関係については小学校の低学年から気使いがあります。子どもの発達の観点からすると、それぞれの人間、感じ方がちがっても、その感じ方を尊重するように、その人に応じた対応ができることが大切だと思います。

田中　それは大人でもむずかしいことです。一人ひとりの子どもにていねいに教師が対応するというのは大切なことです。でも忙しすぎて、なかなか十分なことができないというジレンマを感じています。

鈴木　教師が時間に追いまくられていると、ついつい子どもたちにあたったり、管理しようという発想が出てきます。その方が早いし。

八田　ゆったりしないと教師のストレスもいっぱいたまってしまうしね。

井口　確かに、今の現場は命令的にやらされることが多くなっているけど、多忙化と多忙感とはちがうと思う。学級通信を書くのはしんどいけど、それはやらされて書いているのではないし、楽しい面もある。そんなに疲れたという感じはしない。居心地がいいというのは手ぬきをするということではないから、教師が子どもたちに対して指導をためらったり、要求することを遠慮することはないと思う。心の中で納得していないのに、なんでも子どもたちのあるがままを認めていたら、逆にストレスも増えると思う。

佐藤　子どもたちに居心地がいいという前に、父母、教師にとって居心地のいい学校というのが大切だと思います。

西田　お互いに失敗や愚痴が自由に語れるというのが、今、とても大事だと思います。不登校の子が出たら、教師の力量がないとか、き然とした指導ができてないという面からだけ見ると、問題の本質を見ない形だけのものになってしまいます。

東村　それがなかなかできないのです。教師どうしのけん制というか……失敗を見せないように取り繕ってしまう。

中田　私は不登校の親の会にずっとかかわっているのですが、やっぱり失敗談が自由に語れるというのが、ものすごく大事だと思うのです。親の会では学習もよくしますが、はじめのうちは、ほとんどお互いに愚痴を言うことからはじめているんです。このなんでも言える雰囲気というのがエネルギーになってるんですよ。

司会　子どもたちは今の学校の勉強、学習ということについてどう思ってるんでしょうか。

今井　高校生を見ていると、高学歴プレッシャーというか、今の学習と進路に対する不安から、高校生になって不登校になるというのもよくあるのです。

石井　小学校で三年間不登校だった子の一番学校に来ることでひっかかっていた原因が勉強のことなんですね。わかりたい、かしこくなりたいという思いは強いんですね。

井口　結局、授業というか、子どもたちが一番、学校の中で長く時間をしめている学習という所にかえってきますね。どれだけ楽しく学べたか、一人ひとりがわかるよろこび、その過程がどれだけ大事にされているかが大切だと思うのです。比較的、結果がすぐに出る算数や体育などでも、わかる、できる、楽しいという過程、授業の中

滝川　の人間関係が豊かになるということかなと思っています。

僕は小、中、高と保健室通いの常連だったので、今の子どもたちの気持ちがよくわかります。ずっと話を聞いていて、居心地がいいということ、ありのままでいいということに、少しこだわりをもちました。やっぱり自分を作っていく上で他人とのかかわりが大事だし、自分の好き勝手でいいということとはちがうと思います。うまく言えませんが……。

今、大学院で学んでいるんですが、現場の先生方の声に謙虚に耳をかたむける教育学をこれから深めていこうと思います。そういう研究者になりたいです。

まとめにかえて（おわりに）

様々な立場から出された意見をもとに、いくつかまとめをしてみたいと思います（今後の実践的検討が必要です）。

①子どもをどう見るのか、子ども観の論議を常に深めていくこと。

子どもの否定的現象をリアルに見る。その上で子どもの内面のゆれを理解できる感性をみがいていくこと。ともすれば、形や表面のでき具合だけで子どもを見がちだが、学習を通して子どもをどう見るかの粘り強い論議を大切にする。

②わかる授業、楽しい授業、子どもたちのわかり方の過程を大切にする。

現代の学校が選別と競争の中で、学習が苦役になっている面はあるが、だからといって何か別の形のものにのみ展望があるとみるのでなく（総合学習を否定するものではないが）、今までの民主教育の中の財産、教科の学習の研究、五日制の中での私たちの側の教育課程の吟味がいる。

③子どもに寄り添うこと、子どもから学ぶことと子どもを指導することの統一を。

誤解をおそれずにいえば、子どもたちのあるがままを受けいれることは、こうありたい、こういうふうになってほしいという教師の理想を語らないということではない。むしろ積極的に指導、語ることである。一面的なおしつけや、やらせはいましめなければならないが、子どもたちとの葛藤をおそれて、あるがままをそのまま見ているだけでは、子どもたちは伸びていかない。子どもたち一人ひとりのよさを認めることと、おかしい時には徹底して、叱りきる姿勢は大切である。子どもたちはその両面を望んでいる。ただ子どもたちへの対応は、一人ひとり、集団によって異なるものであり、方法論は多様である。教師と子どもの自然な関係が、それぞれを受けとめる前提である。子どもたちは、そのぶつかり合いの中で、自分自身で決めていく。発達の原動力は、子どもの内なるものに必ずある。

「新学力観」が叫ばれる中、何か教えることや、子どもに指導することが、まちがいであるような論調が、いろいろな角度から語られています。かつてフランスの詩人、ルイ・アラゴンは、ナチスの支配下、こう語りました。

教えるとは希望を語ること
学ぶとは誠実を胸にきざむこと

どんなに苦しい状態に職場がなったとしても、この詩にこめられた思想は今もなお教訓として生きています。

確かに教師の苦悩は、年々深まっていき、時として教師をやめたいと思うことさえあります。けれども、そう考えることは何もおかしいことではなく、それだけ誠実に教師の仕事を考えているからにほかなりません。

教師の苦悩の根源となるもの（子どもたち父母との関係・教育条件）に目をつむっていては、教師としての喜びを見いだすことにはなりません。多くの困難な中からわずかなことですが、授業の中でわかったという子どもたちの笑顔や、行事の中でやりきった満足感を見た時、それはまちがいなく私たちの明日の力になるはずです。

小さな一歩の前進のために、たえず現場からものをみて、自分の頭で考え、子どもたちとぶつかり合い、思ったことを仲間と語り合って、歩んでいきたいと思います。

【初出】『どの子も伸びる』1997年5月号

3 読書や映画　漫画の世界から（通信のあゆみ）

毎回の通信に読書、映画紹介を掲載しています。これが読者の方に好評で「真っ先に読みます。楽しみです」などの声をいただくとうれしくなります。その中のいくつかを紹介します。

読書と私――過去や未来を想像する楽しみ

小学校の時に夢中になって何回も読んだ本は『西遊記』、孫悟空が大好きでした。中学校ではゲーテの『若きウェルテルの悩み』を読み、人を好きになることはこんなに大変なものなのか？と苦しくなった記憶があります。高校の時はドストエフスキーの『罪と罰』を読み衝撃を受け心理学に興味を持ちました。大学生の頃は五味川純平の『戦争と人間』にはまっていました。人間の尊厳とは、平和とは、などにこだわりだした頃でした。今までに読んだ本の読書体験から自分の過去を振り返ることができます。それぞれの時代に自分のこだわった本と当時の自分の行動が蘇ってきます。

そんなに読書が好きという少年ではありませんでした。全く運動が苦手（運動おんち）だったため、どちらかというと「いじめられっ子」タイプだった私は一人で絵を書いているか、本を読んでいる時間が多かったように思います。読書の時間というのは孤独ですが本と自分が対峙しているステキな時間です。誰からも束縛されないので、小さい時から自然にそのスタイル？が身についていたのかもしれません。読書をしている時は自分と全く違う主人公になったような気がしてワクワクしました。飛んだり跳ねたり、飛び回る主人公に読書の世界ではなりきることができたのです。

次の展開がどうなるのか気になってページをひたすらめくって時間のたつのも忘れてしまったこともありました。「もし自分だったらどうするだろうか」と過去を振り返ったり未来を想像したりして自分の世界を行ったり来たりするのですがそれがまた楽しい時間です。お気に入りの本を何度か読み直してみると過去の自分と今の自分との感想の違いがあったりして新たな発見が生まれます。未来に読めばまた違った思いをするのではないかと考えるとこれまた楽しくて、自分の読んだ本に愛着を感じていきます。もちろん読書をして自分の知らないことがわかったり新たな発見をしたりする時もこれまた嬉しいひと時です。

乱読という形で手当たり次第に読んでいた時代からいつしか私は二人のこだわりの作家ができてきました。一人は後藤正治です。後藤正治はノンフィクションの分野が中心で『遠いリング』という若きボクサー群像を読んでから新作が出るたびに必ず読むようになりました。後藤正治はスポーツだけでなくいろいろな分野の人物を丁寧に取材して作品に仕上げていますが、どちらかというと個性的な生き方を貫いた人物を題材にした作品が多く逆境や困難をどう乗り切っていったかという場面の描き方に味があります。私が小学校の教員の時代に「学級崩壊」状況で鬱状態になった時『不屈者』という絶望からカムバックした五人の姿を描いた人物ノンフィクションを何度も読み返していました。勝手に自分の境遇と重ねて読み、喜んでいました。

もう一人は藤沢周平です。情景描写が美しく、中心となっている人物が英雄や歴史に名の通った人物ではなく市井の庶民を描いています。そして男性も女性もその生き方が凛として素晴らしいのです。かといって完璧な人間ではなく、嫉妬や妬み、迷いといった人間の情動、どちらかというと負の部分を持ちあわせ、そこで揺れる人物なのです。藤沢周平のそれらの人物への眼差しが温かいのです。『風の果て』という二人の武士の生き方の違いと葛藤を描いた作品は読者である自分がどう生きるのかをだぶらせながら読み深めて印象に残っています。作者の人間に対する深い見方に感銘しました。最近、映像化された

『獄医　立花登　手控え』シリーズは何度も読み直す作品です。一人の青年の成長物語ですが市井の人々の悩みや葛藤が時代物なのですが、まるで現代の人間模様をみているようです。作品が映像化されると、原作との違いを比べながら読む楽しさが倍増しました。作品の中に「吉益東洞の書物から学んだ」と書かれた所を発見して小躍りしました。なぜなら、江戸時代の漢方医である吉益東洞は私の先祖だからです。私は自分の生活のリズムが狂ったり、苦しくなった時はいつも藤沢周平の作品を読んで気持ちを落ち着かせるようにしています。まさに至福の時間です。

初めて読んだ時「面白かった」と思う本はその内容を自分なりの「感動」を誰かに語りたくなります。伝えたことで満足するのです。仮に同じ本を読んでいた人などがいると違った感想を語りあってまた面白さは倍増します。

最近は孤独を楽しむ読書も少しずつ語り合うという形の楽しさにかわってきました。しかし、いつのまにか読書しながら居眠りをするというのも増えてきましたが。

【初出】『教育』２０２０年９月号

書評1　子ども、青年をどう見るのか

田中孝彦『子育ての思想』１９８３年、新日本出版社

ある講演テープを聞いて

私が教師になった頃、「子どもの発達に即して」とか「子どもの発達段階に応じて」子どもをみることが必要だとあらゆる場面で語られていました。同時に「子どもの身体や心がおかしくなっている」とか「発達の節を踏まえてないから成長がゆがんでいる」という言葉もよく語られました。何かしらスッキリしない気持ちが続いた時にある講演テープを偶然聞く機会がありました。学童保育の保護者向けに語られた『子育ての思想』という田中孝彦氏の講演でした。

発達をどうとらえるのか

目の前の子どものことがよくわからない時に「その子の発達段階は？　どうも九歳の壁を超えてないのでは？」などの概念で子どもを見ても自分がわかったようになっているだけでその子どもを理解した、心がつながったという実感は感じられませんでした。その時に聞いたカセットテープの中で「人間は様々な経験を通して発達すればするほど、ますます個性的になっていく、それぞれの人間が他に置き換えられない個性となっていく」と

語っておられました。後に書物となった『子育ての思想』により詳しく書いてありました。私は直接、田中氏の話を聞きたくて出版社に田中氏の連絡先を聞き、電話して当時勤めていた小学校のＰＴＡ講演会にきて話をしていただくことを依頼しました。田中氏は快諾され東京から京都まできてくれました。夢のようなことが実現したのです。

教師・大人のまなざしが

田中氏と初めてお会いした時、話の流れは覚えていませんが、私が「子どもは教師や大人のしぐさを見てないようでよく見ていますね」と言うと、田中氏は「そうですね。でも決定的なことは子どもはまなざしをみているのですよ」と語られたことを鮮明に覚えています。そして講演して下さいました。そこで語られたことは大人が子どもを理解する視点についてでした。具体的には田中氏の子ども時代の失敗やエピソードでしたが、どの話も面白かったです。決して自慢話ではなく子ども時代の自分のいいかげんさやいたずらについて語られたためです。

自分の子ども時代と比べてみる

田中氏の語られた少年時代の失敗や挫折は『子育ての思想』の中で、発達に手遅れはない、発達の節目にチャンスがある、過ちや挫折の発達的意義としてまとめられています。『人間としての教師』の中では、子ども時代を思いだすことの大切さに論究されています。

目の前の子どもや青年のことでわからなくなったら、自分の同じ年齢の頃にタイムスリップしてみて思いだしてみると目の前の子どもより自分のほうがすぐれていたと思うコトも当然あるだろうけど、とてもそんなふうにはできなかったとして目の前の子どものほうが自分よりすぐれていると発見した時、その子を一人の人間として尊敬できる、そこから子ども理解がはじまるというようなことを語っておられました。以来、私は自分の実践上つまずいた時はいつもこの言葉を思いだしています。保護者の方の悩みにもこの言葉を語りながら、聞くようにしています。

教師とユーモア

田中氏は教師のセンスとして山田洋次監督との対談で考えたことを引用しながらユーモアの大切さを強調されています。「男はつらいよ」の寅さんの面白さを例にしながら教師がいかに子どもに教材を教えるかという点も大切だがどのように心を通わさせるか、そこに笑いやユーモアの大切さを語っています。なかなか自分のものとはなりえないのですが大事にしていた概念のひとつです。田中氏の『子どもをとらえ直す』の中で山田監督との対談でユーモアのセンスについて縦横に語っておられます。

田中氏は山田監督との対談を何回かおこなっていますが、山田監督との対談のことについてたずねた時「山田さんはあまり喋らないいんだよ。こちらが聞いたらすぐにこたえないでじっくり考えて話すんだよ。その間が長くて……」と苦労談を話してくれました。よき聞き手とは何かを示唆しているようにも感じました。

【初出】『教育』２０２１年５月号

書評２　学校で希望を生み出すとは

山﨑隆夫『希望を生みだす教室』２００９年、旬報社

読んでいて何度も涙が出ました。子どもの事実が書いてあります。うまくいったという話ではありません、大変だ、困ったという嘆きの話でもありません。教師が子どもと語った時、授業でのひとコマ、放課後の会話、それぞれのある日ある時を正直に書かれた本なのです。それなのに涙がとまらないのです。読み終わって静かな余韻が残ります。山﨑隆夫さんの著書『希望を生みだす教室』はそういう本です。私事になりますが、私が初めて山﨑さんとお話したのは、教育科学研究会の大会で山﨑さんが報告されたあと、書かれた著書の名前を聞いた時でした。『パニックの子、閉じこもる子達の居場所づくり』という本でした。その頃、私は「学級崩壊」状態に遭遇していて、むさぼるようにこの本を読みました。その時も読み応えがありましたが、それ以上の読後感をこの著書で味わいました。

子どもの心に寄り添うとは

第一章は低学年の子どもたちが登場します。

三十年を超える教師生活で口にしたことのない言葉、

「この子たちは、いったいどうなっているんだ」

山﨑さんの悲鳴ともいうべき言葉から出会いが始まります。

「死ね」「消えろ」の暴言、すぐ人を蹴る準くんがたびたび登場します。準くんの言動に山﨑さんは、時として叱責や「管理」を優先せざるをえなくなり深い徒労感におそわれます。その「攻撃性」をどう見ていくのか、記録に整理し心を落ち着かせ、授業の中で会話の中で、ひたすら子どもを愛することに徹していかれます。

圧巻は国語の授業の「スーホの白い馬」の準くんの読みの発言です。

「なんで殿様はスーホから白馬をとるんだ。嫌がっているのに。殿様、消えろ」

それに対する山﨑さんの返す言葉が準くんに喜びと自信を与えていきます。

そして準くんは三年になり、ふと前の担任の山﨑先生の教室をデジカメで写しにくるのです。それは三年の担任の先生が「学校でいちばん好きなところを写しておいで」と言われたからです。はじめは机や椅子だけしかとりません。本当は山﨑先生を撮りたかったので三年の担任にうながされて、もう一度撮りに来る場面で終わっています。ここまで読んで、もう涙がにじんできました。

子どもの「問題行動」を未然に防ぐ、力で子どもをひっぱっていく教師が「優秀」な教師のような風潮の中で、本当に子どもに寄り添う、子どもの心に届く指導とは何かと問いかけているように思いました。

子どもの心の危機

次に三、四年、中学年の子どもたちが登場します。そこで山﨑さんは、今日の子どもの成長と発達という観点から、子どもたちの言動、攻撃性の特色について分析されています。現代の子どもたちが、幼い頃から訓練された二次的な言語能力、漢字やカタカナの読み書きの力、ピアノやバイオリンなどを演奏する力、スイミングやそろばん、野球やサッカーなどの力がヒトデのような形で形成されている。このヒトデ型の現象面の力が能力主義的な世界を生き抜く価値を抱え込んでいる、だからこそ、分裂する自己、統合できない自己に腹を立てて、激しく身をもだえながら抗議の声をあげる。それが攻撃性になっていると分析されています。こうして子どもたちをみていくと目の前の子どもたちの言動のなぞが少し見えてきます。とはいいつつ、私は今のクラスの子どもたちを頭ごなしに怒ってしまうことがたびたびあり、あとで反省ばかりです。

子どもたちに〝胸に染み入るなつかしさを〟

五、六年の子どもたちとの授業のひとコマ、家庭の時間であったり、文学『ベロ出しチョンマ』の発言などいっぱい紹介したいのですが、とにかく実際に手にとって読んでもらいたいです。生きる力と学力について大きな示唆を与えてくれます。

最後にドッジボールをして山﨑さんの投げたボールにあたった康平くんの話を紹介します。骨折したため医者に山﨑さんと一緒に行った帰りに三日月を見た康平くんは日記に、『一生の思い出』と書いているのです。それを見た山﨑さんは、康平くんへの愛おしさと同時に自分自身の子ども時代の母親との会話を思いだし、人間にはこうした胸に染み入るたくさんのなつかしさがこの上なく必要なのではないかと力説しています。ここを読んで共感とともに、じんわりと涙が出てしまいました。なんの涙かはわからないのですが、読んでいる自分自身の子ども時代の、父母とのあるシーンを思いだしていました。

終わりに

最後に若い仲間の教師たちに贈るメッセージで結んでいます。ともするとこうした論調はスキル的な項目になるのですが、山﨑さんはきわめてシンプルに哲学的に語っておられます。子どもと生きることを楽しんだり面白がったりする姿勢をもつ、子どもや教育の真実や夢を大切にして生きるなら、誇りを失わずにしたたかに何かを伝え、実践することはできる、そして最後に、よく眠ること、そして真摯に語ることで結ばれています。そこには、こうあらねばならない、とか、プロとしての教師の道などという肩肘はった言い方はひとつもありません。むしろ当たり前のことが書かれているのですが説得力があるのです。それはひとつひとつの文章に山﨑さんの人間性がにじみでているからだと思います。『希望を生みだす教室』とは子どもにとっても父母にとっても教師にとっても必要な空間です。どんなに時代が変わっても、学校はまちがってかしこくなり、失敗してたくましくなるところです。そんな思いを再びよみがえらせてくれた著書でした。仲間と読み合い語り合えばより楽しくなると思います。

【初出】『教育』２００９年９月号

書評3　戦争責任に向き合う教育の思想とは

佐藤広美『戦後教育学と戦争体験：戦後教育思想史研究のために』２０２１年、大月書店

本書は一九九六年から二〇二一年までに著者が発表した論文集です。戦争という歴史的試練に人間の人間性を根源的に問うこと、これこそが戦後教育思想の根本を問うことだと

述べる意欲的な著作です。

教師の「まじめさ」と教育的価値

序章と第1部で、勝田守一氏の教育学の形成を勝田氏自身の戦争体験に重ねて検討しています。著者は加藤周一氏の思想に学び、勝田氏の『教育的価値論』を、国家に屈服せず、日本政府を批判し、天皇制国家を超える教育における人間的価値として、その内実を与えようとしています。『教育の倫理的支柱』（一九五一年）を重視し、倫理という概念から勝田氏自身の戦争責任について検討します。そして、恵那の生活綴方教師の林証三『変革される教師像』を通して、戦争と教育の責任が展開されています。

恵那の教師たちが戦前、皇国教育に翻弄されたが、その「まじめさ」が戦後の自己批判につながり生活綴方教師の自己変革につながったとしています。戦前の「子どもとともに生きる」というまじめさがあったからこそ質的に深い「子どもと生きる」姿勢につながっていく。教師のまじめさが戦前の「負い目」を自覚させる。「この真面目さなしに、自己改造は絶対にあり得ない」そうでなければ「捨てる自己は変革されず、所有されたものが身を離れるだけ」と書いています。過去の「まじめさ」は戦争に加担してしまうが、その「まじめさ」が「負い目」を自覚させ質的に深い自己批判につながり、子ども理解をともなった生活綴方実践に結実していく。だからこそ戦後の「新教育」に簡単になびくことがなかったのです。もちろん恵那の教師たちが教職員組合の結成や社会科学の学習を重ねたことが「まじめさ」を深く重いものにしていく上で不可欠でした。ここでふれられている「負い目」と教師のまじめさとは何でしょうか。私自身の教師生活から考えてみると、自分は良かれと思って行動したとしても相手（子ども・保護者）を傷つけたりすることは起こります。私は教師と子どもとの関係でそういう苦い体験を何度もしました。過去の行動は取り返せませんが、そこに自己の行動を俯瞰し、負い目を感じることが相手を理解する一歩になり、次の自分自身の成長、思想形成につながっていきます。それが人の痛みに寄り添い、他者理解を通して自己理解につながっていきます。教師のもっている「権力性」を自覚し、相手に対する想像力をいかに発揮するかが「負い目」の自覚であり「まじめさ」につながるのではないでしょうか。勝田氏は自らの戦争責任という「負い目」の自覚が恵那の教師の「負い目」に共感し、その深い自己批判を「まじめさ」の原動力とみたのです。ここが何よりの原点です。

思想とは何かを問うこと――研究者の生き方

本書は勝田守一氏のほかに第二部で山住正己氏、宗像誠也氏、宮原誠一氏ら何人かの教育学者の思想についても論究し、彼らの思想が戦争責任とどう向き合ったかを問題提起しています。責任に対する教育学者たちの思想形成の特色を文献から丁寧に検討しています。注目すべき点として終章で作家の石牟礼道子氏と水俣病患者の思想と人間的モラルの形成に論述している点です。そしてまた天草キリシタンの人々の行動に源流を求めています。教育学者だけでなく市井の人々の思想がどのようにして形成されるのか人間にとって思想とは何かの問いに応えています。思想を特定の主義、主張、教典などに依拠していない所が重要です。筆者が使う「思想化」という概念と「思想」の違いをさらに検討してみたいと思いました。

中でも第二部の「五十嵐顕の教育学を検討する」が圧巻です。五十嵐氏は『わだつみのこえ』を聴く」から「ＢＣ級戦犯の罪に問われた木村の運命が私のそれであったとしても何の不思議はなかった」として自らの戦前を振り返り、自己批判する中で戦争責任と向き合っていきます。筆者はその五十嵐氏の姿勢を、「自らを含めた国民の戦争責任（生き方）の問題を、教育学の問題として解こうとした」態度に注目します。そして補論として『葉書』三十枚を紹介し、「私もまた絞首刑死を遂げたかもしれない」という言葉を紹介し、過去の自分と向き合い倫理的責任を自らに問いかけています。筆者は、五十嵐氏の誠実さに注目し「先生に問いかけられたことに、全力で答えたい、『思想の裁判史研究』と揶揄されようと一向に構わない」と書いています。ここに並々ならぬ筆者の研究者魂が垣間見えます。

本書を読んでみて、現代の情勢の中でいかに生きるか、私自身がどのような思想形成をするのかという問いを鋭く問われたようにあらためて思いました。

【初出】『教育』2022年7月号

書評4 加藤義信『アンリ・ワロン　その生涯と発達思想：21世紀のいま「発達のグランドセオリー」を再考する』2015年、福村出版

臨床教育学会ではワロンについての学会発表や文献紹介がなされていますが、現代心理学の分野や大学の授業ではほとんど語られなくなりました。同時代に活躍した心理学の巨星と言われたピアジェやヴィゴツキーはヴィゴツキールネッサンスとまで言われる面もあるのにワロンは無視の状態ともいえます。それはなぜなのでしょうか？

加藤義信氏はこの書物の中で明快に答えてくれています。ワロンは、レジスタンスの闘士、ランジュバン・ワロン計画といわれた戦後教育改革の旗手であり、日本では翻訳が多数出版されたのにどうしてなのでしょうか。

1　ワロンはどういう人物だったのか

ワロンの書物は難しい。輝かしい社会的実績が称賛されるわりにはその理論が難解とい

うことから敬遠されています。しかも、そのワロンの生い立ちや人となりについてはほとんど知られていません。この本は翻訳書ではなく、日本において、ワロンの伝記、人物紹介をエピソードを交えてはじめて体系的に語った書物といえます。ワロンは勇気の人、情動の人、シャイで控えめな人、晩熟の人、不器用な人という五点から紹介されています。二つの世界大戦で従軍医師として参加し、その後平和運動にかかわったという点はまさに勇気の人、雲の上の存在の人だからなるほどと思うのですが、シャイで控えめ、不器用ということから読者は別の意味で親近感がわくのです。車の運転が苦手というエピソードから筆者は「自分と同じだ」と思って嬉しくなりました。同時にワロンが徹底した民主主義を貫いた人であり、学生に対しても上から目線でなく対等平等につながり、いわゆるワロン一派というようなものを作らなかったという点も紹介されています。

一方で、弟子といわれたザゾが、ワロンの講義が難しいため学生から「ザゾに解説してほしい」と頼まれ、ワロンに相談すると非常に激怒して「解説に頼っても学ぶことにならない」としてその申し出を拒否したエピソードも紹介されています。医者でもあったワロンは学問に対しては厳しく、謙虚に学ぶことを徹底していました。ワロンの理論や思想が広がらなかったという別の側面も読んでいて明らかになってきます。理論が難解であること、ワロンの社会的位置から英語圏では敬遠されたことなどから正当に評価されなかったのです。私の場合もワロンの理論より、その行動にあこがれ接近したという経緯があります。巻末に詳細なワロンの年表が掲載されています。

2　アンリ・ワロンの発達思想とは

この本はワロンの入門書という位置づけですが、ワロン理論の各論の紹介を読むと、最初の人物紹介のようにはなかなか読みこめません。フランス圏の文化と日本文化との違いがあり、ワロンの文章そのものがフランスの中でも難しいといわれています。ワロンの文章に対する翻訳が悪いという説もありますが必ずしもそうでない側面があるということです。加藤氏はワロンの理論を発達思想という枠組みで論究しています。発達そのものを「非連続」で捉え、姿勢、情動、運動、表象という四点から加藤氏自身の実験心理学の事例も紹介しながら説明されています。とりわけワロンの表象発生論について詳細に論じています。現代の認知科学や発達心理学を頭にいれながらワロンの表象発生論を十の命題に即してわかりやすく提示しています。筆者はその中でも情動伝染・対峙の感覚と反応という概念に興味を持ちました。後半はワロンの最後の弟子と言われるリリアン・ルルサとの描画の共同研究を事例をあげて説明しています。

3　難解だからこそ共同で読み合って

加藤氏の著書も入門書とはいえ専門書であり、心理学者としての加藤氏の理論的蓄積が随所にちりばめられています。私はたまたま加藤氏本人の講演を聞く機会があり丁寧に説明してもらいましたが、それでも理解できない所がたくさんありました。そこで武庫川臨床教育学会の自主ゼミグループで毎月一回、チューターを決めて集団で読み合っています。一人読みではわからなかったことを発見したり、新たな知的刺激を受けたりしています。まさに集団で読む面白さの体感です。ワロン思想の現代性、実践場面での検討をさらに深めていきたいです。

【初出】『臨床教育論集10』２０１８年、武庫川臨床教育学会

書評5　作品の世界に自分の日常を照らしあわせて

重松清『ビタミンＦ』２０００年、新潮社

ビタミン剤を飲んで学校へ、職場へ。それもとっておきの一本。これさえ飲めば元気になる。淡い期待をもって過ごしている人は多いのではないでしょうか。この本を読めば気分爽快になるのでは、と思いつつ、第百二十四回直木賞作品を読みだしました。

中年の父親が主人公で七つの物語は、家族がテーマになっています。父親にとって家族のなかの居場所はどこにあるのでしょうか。子どもが思春期に入って、父と子、家族の対

話は、はずんでいるでしょうか。

朝早く出勤し、夜遅く帰宅する。ごくありふれた父親の生活スタイルのなかで、子どもたちや妻との会話を意識的にしないと、目と目が合えば通じあうという時期は遠い過去のものとなっています（?）。

あれだけいろいろ話したり一緒にどこかに行ってみたりしたのに子どもが大きくなっていくと、偶然、道で会っても「どこのおじさん?」。あいさつもしないし、声もかけない。家のなかでも、ほとんど会話を交わさないということは誰でも経験があることです。作者は巧みにその父親心理を描いています。

カミナリおやじ、がんこおやじという言葉が今や死語になってきました。子どもにとってはこわい（厳しい）お母さん、やさしい（ものわかりのよい）お父さん像が身近なものになっています。言葉が通じないところを、子どもの好きな物（?）でつながろうとしたり、時には、アッシー君のように車で送り迎えをしてみたり、父親の涙ぐましい努力にかかわらず、娘や息子から発せられる言葉は、きつい言葉ばかりだったりして。……。頼みの妻に、助けを求めても「現実は厳しいのよ。そんな甘い言葉だけで子どもがいうことを聞くなんてとんでもない」というような冷たい視線を浴びせられて……。

それでも屈することなく毎日精一杯生きている父親。読んでいるうちに自分とだぶってきます。娘が「いじめ」にあった時、ギリギリまでわからなかった私自身の体験と重なり、七つの短編のなかの「せっちゃん」という作品が一番印象に残りました。

私の娘もいじめにあった時は、決してそのことを私には言わなかったし、妻がその事実を知った時にも、「父親には言わないで」と頼んだそうです。クラス懇談会の席で娘のいじめの事実を訴えようとした時、思わず感情的になって言葉が出なかったことを思い出します。娘は私に、「お父さん、この頃みんなと仲よくしてるよ」と言い、最後まで心配をかけさせまいと気使っていました。一番つらいのは本人なのに。

作品のなかの「せっちゃん」の娘の言動は自分のつらさ、苦しさを、架空の人物に置き換えて訴えています。子どもたちの気使いというのは、一体いつ頃からこんなにも複雑になったのでしょうか。携帯電話であれだけ長く話し、Eメールを駆使するというのに、正面きって自分の気持ちをストレートに伝えるというのは苦手なのです。傷つくことをおそれてなのでしょうか？

少し話が違いますが、私が高学年（小学校）を担当した時、繊細な子が多いと父母から言われるので、極力気を使って子どもたちと接するようにしました。ところがこちらが気を使えば使うほど子どもたちとの溝は深まり、あげくの果ては「先生をすきですか、きらいですか」という秘密ノートが回覧され、ほとんどの子が、無記名とはいえ「キライ」と書いて回されるということが起こりました。胃の痛い毎日でした。

心のなかで、おかしい、腹がたつと思っているのに、気を使って遠慮してものを言うと、結局、心が通じない。きらわれたらどうしようと迷いながら言葉を選んでも、好きになってもらえないということを痛感しました。その後、決してうまくいったとはいえないのですか、自分の本音を大切にして子どもたちと接すると、思った以上に気楽に話しあえるようになったことがあります。

大人である私たちは、もちろん配慮した行動の相手の立場にたっての言動が必要ですが、気使いをいっぱいしながら生きている子どもたちに自然体でない姿で私たちが接すれば、もっと窮屈になっていくと思います。

「ビタミンF」七つの作品はどれもジワジワときいてくるようです。

私事になりますが、この拙文を書いている時に私の父親が亡くなり、あらためて父親像というものを考えることになりました。最近、組合の専従をしていて帰宅が遅く不規則になるなかで、企業戦士とは言わないものの家族の対話が少なくなってきました。今までと同じように接してくれるのは愛犬チャゲだけという毎日。我が家の日常生活を反省する（？）今日この頃です。


【初出】『現代と教育』２００１年　53号、桐書房

書評6　主人公以外の人物に人間の内面？を描いた横山漫画の世界

――鉄人28号を何度も読み返して考えた雑感――

ある時は正義　ある時は悪魔

「ビルのまちに　ガオー」で始まるテレビアニメの鉄人28号の歌。そこに「あるときは正義の味方、あるときは　悪魔のてさき　いいもわるいも　リモコンしだい」という節がありますす。子どもの時、歌いながらよく意味がわからないけど、妙にこの一節に納得していたように思います。リモコンを動かす人次第で、鉄人はどうにでもなる、それゆえにハラハラしてテレビを見ていたし、正太郎がリモコンを動かす姿にあこがれながら、リモコンの電波がどこまで届くのか（海なんか無理だろう）(1)と、どうでもいいことを考えながら夢中になって鉄人28号の漫画も読んでいました。この主題歌と横山光輝の作品との考えがつながっているかわからないけど、今となって考えてみると、正義という言葉のあやふやさをそれとなく横山光輝はこの漫画の裏のメッセージとしていれていたかと思うのです。

もちろん当時はそんなことは何も考えていませんでしたが。

リアルタイムで読んだ『怪ロボットロビー』の巻

私が小学校二年生の時、親から初めて買ってもらった憧れの雑誌『少年』を読んだ時の鉄人の物語は、ちょうど『怪ロボットロビー』の話が開始された時でした。その時、主人公でない鉄人や正太郎の敵？にあたるロビーは自分の頭で考えるロボットという設定でした。真っ黒で決してかっこよくはないし（へんなロボットやなあ）と思っていました。ただ、この時もロビーの鉄人や正太郎に対する、うらみやあこがれ嫉妬というものに読み手である私は不思議と共感していたように思います。ロボットでありながら生意気にと思いつつ、何も考えないで、いわれたとおりに動く鉄人より読んでいる自分に近いなあと思ったのです。（優等生のような正太郎にはわかりっこないよなあ）と思っていました。けれど、友達にはそんなことはいえないし、（弱いくせに、ロビーなんて、鉄人にすぐやられたね）と話してましたが、鉄人が一発でロビーをつぶす時は（やめろ、弱い者いじめは）なんて思っていたように思います。もちろん、そんなことを言語化できていませんが、私はまっすぐな正太郎に対する形で横山光輝は人間の内面のいやな面や醜い面をロビーにあらわしていたのではないかと今、思うのです。

横山光輝は主人公はひたすらかっこよく描き、あまり内面の動きにふれません。むしろその相手役に徹底して人間の感情を描いたように思うのです。

それゆえに読み手の私たちは正太郎に同化できるし、何も考えない鉄人を自分が動かしているように思って感情移入できたと思うのです。それは鉄人28号大河物語として描かれた最後の「超人間ケリーの巻」にひきつがれています。

科学は誰のためなのか

　ケリーの話は悲劇です。最後にケリーが鉄人に体当たりして自爆？する姿はとてもつらく悲しい思いがしました。ドラグネット博士は兄弟に悲劇をもたらしたのです。人造人間モンスターを作ったフランケン博士この人も人間として許せないことをしたのです。しかし、鉄人以上の優秀なロボットを作っています。ロビーを作った牧村博士など、この人たちは科学者としてその頭脳を誰のために貢献しようとしたのでしょうか。単純に悪のためといえるのでしょうか。少年の頃に読んだ時は、敷島博士が正義の科学者と何の疑いもなく思っていましたが、兵器としての鉄人を作った責任をこの人は考えていたのでしょうか。もっぱら鉄人が故障した時には登場しますが、あまり科学者としての苦悩はわかりません。ここでも今読むとドラグネット博士、フランケン博士、牧村博士といった面々が人間としての親近感をもつのです。人間としての欲望、名誉、地位、打算といったすべてをこれらの科学者は抱えているように思うのです。今は掃除ロボットや原発の危険個所の操作にロボットが使われています。人間にとって機械の一部としてのロボットです。これからロボットをどう活用するのかはわかりませんが、ここでも科学のあり方をさりげなく横山光輝はふれていたのではないでしょうか。こんな読み方をしたら全く面白くありませんが、そんなことを自由に考えさせる素材が横山作品にはあるように思うのです。

鉄人は最強のロボットか

鉄人には魅力的なロボットがいっぱい出てきます。それぞれの好みで違いますが登場してくるロボットの中で鉄人が一番強かったかというと疑問符？がついてきます。おそらく鉄人が主人公でありながら最強無敵のロボットとして描かなかった所が横山光輝のすごさではないでしょうか。見解は違うかもしれませんが、強さといえばブラックオックスだろうし、美しさ性能というとギルバートの方が鉄人より上だったように思います。鉄人はよく故障するし、最終的には正太郎の機転や作戦で誰かの援軍を頼んでもらって鉄人が勝つというストーリーが多かったように思います。（鉄人、負けるな）と思いつつ、ここでも相手側のロボットに期待をよせる、正太郎がかっこいいと思いつつ、敵？の操縦者に同情してしまう。その迷い、くやしさがよくわかるのです。小さな少年が全く動揺しないなんてことはありえないですが、それが漫画だし、ましてや深く考える正太郎では読者が混乱してしまいます。それもよくわかるのです。いつも鉄人は操縦されるままに動くだけです。あくまで機械の一部なのです。今風にいえば便利なものは利用すればいいということでしょうか。ロボットを使う人間はどうあるべきなのか、考えさせる課題です。

横山光輝作品の読後感

鉄人28号だけでなく横山作品はどれを読んでも何かテーマについて考えるとか、何がいいたかったのかを振り返るということはあまりありません。読んでいて楽しい読み手が面白ければいい。そこから自由に考えてほしいという作風なのかもしれません。

そのクールさが魅力でもあり肩ひじはらずに読めるというか、そんな感想をいつも持ちました。そして主人公の好敵手に常に魅力ある人物がいて、そこにいろいろな悩みを語らせる。主人公は勝つか負けるかという単純な選択で動くように描く、そこに面白さがあるように思います。『伊賀の影丸』の邪鬼、『バビル2世』のヨミのように。

小学校の時に夢中になった横山漫画。鉄人28号の絵がとても上手だったH君、鉄人ワッペンをいっぱい持っていたO君、鉄人の漫画を紹介してくれたT君、なぜかこの三人の共通項として鉄人28号があり、還暦になっても、まだ年賀状のやりとりが続いています。

私にとって、いつまでも記憶に残っている漫画家が横山光輝であり、鉄人28号の思い出なのです。それこそ、心の貯金箱として大事にしまっておきたいと思っています。(2)


【注】（1）拙論「鉄人28号と横山光輝作品の出会い」『バッカス実験号』２００３年
（2）拙論「横山光輝先生を偲ぶ」『オックス6号』２００６年

【参考資料】
『横山光輝マンガ大全（別冊太陽）』１９９８年、平凡社
飯城勇三『「鉄人28号」大研究：操縦器の夢』２００２年、講談社
斉藤匡稔『横山光輝研究読本』１９９８年、私家版
【初出】『横山光輝生誕80周年記念冊子』２０１４年（ペンネーム日下健児で執筆）

映画評論　『蝉しぐれ』監督：黒土三男（日本、２００５年）東宝映画
人間としての気高さを示した成長物語

藤沢周平の代表作ともいうべき作品の映画化です。すでにテレビでも放映されましたが、監督の黒土三男が十五年という歳月をかけて映画化した作品で、映像の美しさ、人間讃歌の精神を一人の青年の成長というテーマを伏線に縦横に描いています。私自身は毎日の生活の中で、藤沢周平の作品を読む時はまさに至福の時間です。その中でもこの『蝉しぐれ』という小説には、自分自身の成長と重ねながら読んだ記憶があります。それゆえにこの作品が映画化されると聞いた時、どのように映像化されるのか大変楽しみで上映日が待ち遠しかったです。

牧文四郎という生き方

時は江戸時代。東北の小藩「海坂藩」の下級武士である義父のもとで成長する牧文四郎の物語である。隣に住む幼なじみのふくに淡い恋心をいだき、素敵な友人にめぐまれながら文四郎は学問と剣術に励んでいる。ここまでなら一人の青年のどこにでもある青春の一コマといえますが、父である助左衛門が無実の罪で処罰として「切腹」を言い渡された時から生活が一変します。そんな中で人間としての気高さ、友情の大切さ、人を信頼すること、愛することのすばらしさ、逆境の中で生きる強さを文四郎という青年が体現していきます。そのいくつかを映像の中で印象に残った場面から紹介していきます。

父との再会と別れの言葉

父に処罰が言い渡される前日、文四郎は父と面会が許されます。二人の間に多くの会話はありません。父（緒方拳）が息子（子役　石田卓也）に静かにおごそかに語ります。

「文四郎、わしを恥じてはならん」

ただそれだけです。文四郎は何も言えず涙をこらえています。最後の別れの時、多くを話し合いたいはずなのにあれだけの言葉だけで語るということは自らの生き方に誇りと自信がなければ言えないだろうと思います。文四郎はその時に、

「父上を、尊敬していると言えばよかった」

「ここまで育ててくれてありがとうございました、と言うべきだった」と帰る時に悔やんで泣きます。

私はこの場面を見た時、私事で恐縮ですが寡黙だった亡くなった父のことを思い出して涙がとまりませんでした。父を尊敬し、父のようになりたいと思っていた文四郎が一番語るべきことを語れなかった自分を悔やみ、父は語りたいことを極力おさえて最後の言葉を息子に託します。父と子のありかたを暗黙のうちに示していると思いました。文四郎役の市川染五郎が「文四郎は悲運に耐えることで成長した男だと思う」と語っていましたが、その行動の骨格となったものが父と子の姿として映像は見事に示していました。

ふくとの最後の出会い

藤沢周平の描く女性像はいつも魅力的です。時代に翻弄されながらも常に自分の意思をもった女性を登場させています。この作品のおふく（木村佳乃）の生き方もそうです。最後の二人の別れの場面、おふくが自分の気持ちを手紙に託し文四郎を待ちます。そして、「文四郎さんの御子が私の子で、私の子どもが文四郎さんの御子であるような道はなかったのでしょうか」

と大胆なセリフを語ります。木村は「あの時代に女性から一世一代の賭けをする。おふくのそういうところが好きだし、現代の女性もすごく共感できるのではないでしょうか。おふくの胸にあるものが本当の意味での人を思う気持ちと感じました」と語っています。誌面の都合で省略しますが、人を愛する、人を大切にすることの意味を改めて考えさせられました。最後の場面は原作と少し違いますが二人の思いの強さを示す上で映画の場面はより強烈に余韻を残しました。

映画を観たあとしばらく立ち上がれませんでした。じわじわとこみあげてくるものがたくさんありました。最後の『かざぐるま』というイメージソングやＢＧＭがまたすばらしかったからかもしれません。藤沢周平の作品の映画化にこれからも期待したいです。

【初出】『人間と教育』２００６年49号、旬報社

第７章

勝田守一の教育思想から学ぶ

教育科学研究会初代委員長、勝田守一氏が病気で研究集会に出席できなかったため、渾身の力をこめて書いたあいさつ文に有名な「魂において頑固、心において柔軟、精神において活発」という言葉があります。私はその言葉が大好きで小学校現場にいる時も、今も自分の立ち位置を考える時に、この言葉を思い返しています。勝田氏という魅力的な人物を単純に絶対化するつもりはありませんが、この戦後教育学の理論的支柱といわれた研究者の生き方や論考からじっくり学び続けようと思っています。やや飛躍した考えかもしれませんが勝田氏の教育論、教師論、その思想から三つの特色があるのではないかと私は思っています。それは第一に子ども・青年の命を守りはぐくむ教師、自らの戦争責任に向き合った意義、第二に子どもや保護者の前に謙虚で誠実な教師、第三にあらゆる対人援助職の人たちと手を携える知識人としての教師、専門職としての教師です。その中でとりわけ生活綴方の教師の生き方に勝田氏は着目したのではないかと思っています。これはあくまでも私の直観的な仮説なのでこれからも仲間の実践や理論、私自身の体験もふまえ、勝田氏の思想を探求していこうと考えています。

1 人間発達援助職としての教師論の考察

——勝田守一の教師論に着目して——勝田守一の教師論(1)

勝田守一氏の人とあゆみ

勝田守一氏は一九〇八年に東京に生まれ、一九三二年に京都帝国大学を卒業、一九三四年から松本高等学校の哲学の教師になりました。一九四二年に文部省に入り一九四九年文部省を退職後、学習院大学教授を経て一九五一年から東京大学に勤務しました。勝田氏は戦前はシェリングを中心とした哲学研究が中心で、戦後は戦後教育学の代表的研究者です。勝田氏が高校の教師をしていた時、戦争に反対しなかった痛恨の思いがありそのことを反省しました。そのいくつかの文章は後で分析しますが、勝田氏の戦争責任への深い反省が、その後の倫理に論究する彼の思想の源泉になりました。戦後、教育学者として出発した勝田氏は現場教師の教育実践と生活綴方研究を自らの教育研究の中心に据えました。とりわけ戦前「皇国教育の推進者」であった恵那の教師たちの戦後の生活綴方を通して子どもと教育に取り組んでいく姿から深く学びます。勝田氏は自分の戦争責任の反省を戦後の生活綴方研究と教師の教育実践研究の中に見いだします。勝田氏自身がどんな研究者であり教師であったのか、勝田氏とかかわりのあった研究者、野中一也氏は、大学時代に勝田氏のゼミに学び、自身の結婚の時の仲人をしてもらった回想を次のように述べました。その語りの一部です。

教育学者勝田氏の魅力は現場を非常に大切にしていて、「旭丘調査団」に参加して旭丘実践から教育的価値、教育の自由とは何かを提起しました。その後の日教組の「教師の倫理綱領」、教科研などの実践に熱心にかかわります。二つ目に「教育を哲学化する」について、実践のプラグマチック性を克服して理想的教育の原理を追求するにあたり、シェリング、カント、ハイデッガーなどの哲学を背景にして教育を根底的に考え続けます。教育を科学としてとらえそれを哲学化するという内的思考をねりあげました。三つ目に「現実の経験知」を大切にしました。現実の子どもの実態から「能力・発達・学習」を考え、一人一人の子どもの生存的価値を追求しました。四つ目に日本の反動化への徹底的抵抗で戦前の体験を自らの反省的苦悩としてとらえ、個人として、集団として、民主的な強靭な魂の持ち主として生きようとしました。人間を全体的トータルとして捉え、人間がかかえる悪の問題を見据えようとしました。五つ目に民主運動の内部矛盾にも心を配っていました。現場の先生から「大学の先生の発言は現場に役にたたない」という批判を常に受け止めてその批判を止揚していました。現場から離れた多くの学者がいますが、勝田氏は内部矛盾は当たり前として止揚したように思います。それは理論的力量にもよるが、個人としての人格的力量のように思う。

勝田氏がどういう人物であったか、野中氏の主観や感想はもちろん含まれてはいますが、野中氏が語った内容は勝田氏の講義に学び、自らも旭丘研究に関わったことが反映されています。野中氏だけでなく松本高校時代の教え子が中心となって勝田氏が亡くなってから編纂した『想偲春[2]』という私家版の冊子にも野中氏と同じように勝田氏の魅力を回想しています。勝田氏の家族からの執筆もあります。共通している所は勝田氏が人の話を丁寧に聴く、聞き上手な人物であったことです。勝田教育著作集全7巻にそえられた月報1〜7の執筆者の一人である作家の早乙女勝元氏は、勝田氏と初対面で会った時、早乙女氏が緊張していると「あなたの本はおもしろいですよ。つい読んでしまいます。そうしてかならず私たち教育者にとって、足もとを振り返らなければならない問題を提起される」（勝田著作集月報1）として語りかけられ一遍に緊張がほぐれ、早乙女氏が語り続けた。それを勝田氏がずっと聞いていてくれた。時間のたつのを忘れたというエピソードを紹介しています。吉野源三郎氏は（著作集月報６）で、「長い年月、日本の教育を支配していた教育勅語の価値体系が崩壊したあと、それに替わる新しい、みずみずしい価値観が根づかないままに荒廃した世相と戦っている教員諸君の困惑や焦燥に対して、勝田さんは深い共感と同情とを、いつも忘れなかったようである」と書き勝田氏の人柄を紹介しました。勝田氏は人間を一面的には見ない、人間的魅力のひとつとして深い人間理解があります。

勝田守一氏の教師論の特色

勝田氏がどのような教師論を考えていたのか、筆者の考えた人間発達援助職の三つの教師論がどのように関連しているのか、はじめに子どもの命、尊厳を大切にする教師論について勝田氏の随想と論文から考察します。

第一節　子どもの命、尊厳を大切にする教師論

（１）戦争責任を明確にした

・「随想　父親の願い」（一九五一年）

・「教育の倫理的支柱」（一九五一年）

勝田氏は自らの戦争責任に対して明確に向き合いました。戦前、哲学者として著名であった勝田氏が戦後、教育学に軸足を置いた時、自らの戦争責任を曖昧にしませんでした。戦争と国家に抗し得なかった〈加担した〉結果としての自らの行為は、何ゆえに深い屈辱を覚えるのか。佐藤広美氏は「勝田はシェリングの『自由と悪』の哲学に学び、その根拠を知った。」と述べています。勝田氏の誠実さは教育学の基本として人間の命を守ること平和を大事にすることを中心に据えたのです。同時にそれは子どもの命を守るという教師の出発点です。子どもの命を守るということを大切にするために、自らが過去において子どもの命を守れなかったという非人間性を曖昧にしませんでした。勝田氏は長女誕生の喜びとあわせて自分のエッセイに次のように書きました。

間もなく太平洋戦争に突入し、日本民族は嵐の中に立たされた。私の認識は甘く、意思は弱かった。平和と幸福とを願った私は戦争を肯定した。この矛盾は教え子たちが、戦場に送られる度に、胸を嚙む牙となって私を苦しめた。しかし、私はことばで若ものたちを激励し、心でかれらのいのちに幸あることを念じていた。なんという過ちであろう。戦いが進むにつれて絶望的な悔恨だけが私を生かしていたにすぎなくなった。(3)

勝田氏の自己批判の随想です。自らの教え子を戦場に送ってしまったという悔いです。過去の自分を曖昧にせず最後に「平和への希求」に進む静かな決意を書きました。自らの戦争責任をかくすことなく教師・研究者としての道に進みます。戦前、高校の教師であった勝田氏は自分自身としての誤りを認め、この決意を自らの教育学の探求の基礎にしました。同時にそれは勝田氏自身の教師としての再出発でもありました。自らの失敗、語りたくない過去に向き合い繰り返し自分の原点として哲学から教育学を深めます。一人の研究者としての教師としての決意を示しました。勝田氏は論文で次のように書きました。

かっての戦争に教え子を送った教師は、いたずらに若いものたちのいのちの失われるのを欲していたのではなかった。かれらは若いいのちが捧げられるよりも高い倫理的価値を信じたのである。それはあるいは国家の運命であり、民族の将来であった。しかし、そうした倫理的価値が侵略戦争の現実の暴露とともに崩れ去ったあと、教師が発見し得たものは、人間のいのちの尊さであった。この教育の本質を保障する宣言を、教師が自己の希望とし得ない理由はどこにもない。(4)

子どもの命を守ることが教師の使命、倫理的価値であると勝田氏が宣言した論文です。

勝田氏自身の戦争責任に対する深い認識が「戦争体験の思想化」（佐藤広美）になり、平和のための教育をめざすことになります。倫理的価値を見いだし、教育的価値を追求します。勝田氏は「教育の倫理的支柱」の論文の中で戦争と暴力を否定する倫理的心情は、人類と未来の運命に結びつき、人間の生命の尊さ、人類的感情の美しさを、子どもたちに目覚めさせる仕事が教師が人類に負う最も大きな義務だと言い切りました。勝田氏の人間の中にある非人間性の自覚を明確にすることが平和や人間の尊厳につながる重要な教師論の基礎をなすと考えます。

（2）教師は調教師ではない

・「教育学の古典をどう読むか」（一九五七年）

一般的に、子どもの命を守る、平和が大切であるという命題は多くの教師が考えています。勝田氏がそのことを思想化したというのは、自らの過去の問題を曖昧にしなかった所から形成されます。では勝田氏は具体的にどのような教師論を考えていたのでしょうか。戦前の教師とは異なる教師論です。次の論文で教師の仕事の難しさ、その中での教師の苦悩の理解を示しました。教師が古典を学ぶ意義、教育実践を反省的に振り返る意義を示した論文です。

教師の仕事はいわば、現実では、不断の敗北の連続のようなものである。それが、物的条件の無理解やあるいは、権力の圧迫からくるのは、まず忍びやすい。教え子からくる裏切りに骨の髄までこたえた経験をしない教師は少ないだろう。これから立ち直ることがなければ、形と職務は教師であっても、もはや私たちは教師でなくなる。しかし、実際に、わたしたちは、心の中でなんどでも教師でなくなる経験を繰り返す。(5)

目の前の子どもたちから「裏切られ」反発され教師である自信が何度も何度も崩れていく。それが教師の仕事だと勝田氏は記しました。外的な圧力より目の前の子どもたちとどのような信頼関係を作ることがいかに難しいことかと分析しました。勝田氏は同じ論文で次のようにも書きました。

教育の先人が失敗者であったという多くの事例は、このようなことと関係している。もし、そうでなく、このような経験と関係なく、子供をしこむ達人になっている教師は、人の子の教師というよりも、調教師に近く見える。

勝田氏は、教師の仕事を不断の敗北の連続だと書きました。敗北の連続とは教師が子どもに本当に信頼されるのは簡単なことではない。日常的に裏切られ、悩み迷い、その繰り返しの中で教師は実践者として成長する。それは子どもを調教するという立場ではなりたちません。調教師とは馬、犬、猛獣などを訓練するとされていますが、勝田氏の時代でいえば教師の意図で子どもを自由に動かすということではないでしょうか。まさに戦前の教師は「絶対的」で命令指示するのが一般的で子どもから裏切られるなどと考えることはなかったのではないでしょうか。時代の反映もあるし、もちろんすべての教師ではありませんが多数が調教的側面を持っていました。子どもをいかに動かすかという側面に対して、勝田氏は警告を発します。「調教」する教師には批判的です。勝田氏の時代よりはるかに現代は困難ですが子どもをどのように動かすかが教師の「力量」のように言われる現代の風潮の中で勝田氏の指摘は示唆に富みます。

佐藤広美氏は「勝田の時代をはるかに超えて、心の中で何度でも教師でなくなることを繰り返し、教師に襲いかかってくる時代の中だ。[6]」と書いていますが、そういう時代だからこそ、子どもの命と尊厳を守る教師の立ち位置が必要です。子どもを調教するのでなく子どもの内面の思いや行動について真剣に考える教師が必要です。その考える過程において何度も子どもから裏切られ敗北の連続の中で教師は成長します。子どもを理解しようとしてなかなかわからない自分自身を理解していくということにつながります。勝田氏は調教師のように思うままに子どもを動かすというのは戦前の子どもを威圧し、ある面で「調教」しようとした教師論としたのです。そうではなく、勝田氏は子どもと共に歩み教育的価値を追求する教師論を示唆しました。勝田氏は子どもを調教する対象ではなく発達主体として考えたのです。それは勝田氏が著作集第１巻の中の論文「社会科はなぜ生まれたか」で「それは、政治的行動の情熱をもって、教え子の行動に、強力に一定の方向に向かって、影響を与える仕方とはちがっている。客観性と寛容と人間性への窮極の信頼が教師の活動に最も教育的な価値を与えるだろう」(7)と論じたことにつながります。子ども、人間をいかに信頼するかという教師論につながります。

「教育学の古典をどう読むか」という論文は教師の学ぶ方向性（古典の学び方）と教師の立ち位置、子どもの声を聴く大切さを示した重要な論文です。勝田氏は戦争責任を曖昧にしなかったことで自らの非人間性、悪、人間としての負の感情から背を向けずに向き合い、子どもの命を大切にするという到達点にたちました。人間発達援助職としての教師は、子どもを無意識に傷つけている存在であることを自覚すること、それらを前提として一人ひとりの命や尊厳を大事にするという教師としての出発点にたつということです。

第二節　人間発達援助の仕事に従事するあらゆる人たちと協力・共同する教師論

（1）知識人としての教師

・「研究集会というもの」（一九六七年）
・「『知識人』としての教師の責任」（一九六八年）

勝田氏の知識人の教師として言及した点を分析します。論文「研究集会というもの」[8]と最後の論文となった「『知識人』としての教師の責任」[9]から第二の柱の教師論について検討しました。

「研究集会というもの」は教育科学研究会の勝田氏の挨拶文書で、体調をくずしていた勝田氏が渾身の力をふりしぼって書かれた文章です。それゆえ、論文としての完成度よりメッセージ性を持った文章です。

この文章が書かれた時代的背景を振り返ってみると、一九六八年というのはアメリカが北ベトナム攻撃を再開し、日本は、公害列島といわれ水俣病をはじめ問題が噴出し、そうした犠牲を伴いながら資本主義国の中でGNP第二位となった時期です。学生運動が高揚し、過激派の一部の学生によって東大の卒業式が中止となった時です。教育の「多様化・近代化・正常化」が声高に言われ出した時代です。日本国憲法が制定され二十年を迎えましたが、一方で建国記念日が制定され、教科書裁判などで、文部省は憲法を「つまみ食い」していただけで、憲法・教育基本法の精神と逆行する動きも激しくなっていた時代です。そうした中で教育科学研究会はいかなる方向に何を留意しなければならないか、委員長である勝田氏は病の体でありながら訴えます。勝田氏はこう書きました。

私たちは原則的に頑固でなければならぬと同時に、現象的状況に対しては柔軟で感じ易くなければならない。魂（ソウル）において頑固であり、心（マインド）において柔軟、精神（スピリット）において活発でなければ、この現在の困難な状況は切り抜けることはできない。(10)

このメッセージに対して、堀尾輝久氏は「教師論でもあり人間論だ(11)」と述べました。勝田氏自身は自分が書いた『楽我鬼帖』に、「私の期待する人間像」と書きました。私はこの小論はメッセージ、挨拶の文とはいえ、勝田氏が短い言葉の中に研究会に参加した多くの教師・研究者に対して自分の一番言いたいこと、自分自身への思いを渾身をこめてこの文章に託したと考えます。魂とはゆずってはならないもの、平和であり、人間の命を守るということ、心とは人間に対する深い見方、人間のあやまちや失敗を認める、人間を多面的に見る、思想や政治的立場だけで人を判断しない、子どもと教育実践を共にしながら教育的価値を追求する、精神とは知識人としての教養を高めるという意味として考えました。勝田氏はこの文書の最後に、人間の解放と子どもの幸せを願い、民主主義の発展のための研究と実践を統一し、連帯を深めること、同時に人間の「成長と発達」にかかわりをもつ社会的諸状況のどんなに広汎な分野にも食いいっていかねばと強調しました。さらに勝田氏が自分たちは決して多数派ではないが、少数派を気取ったり、孤立を栄誉と思ってはならない、情勢の少しばかりの悪化で悲観主義におちいらないために、真の楽観主義にたつために、連帯し統一する努力が大事だと強調しました。

私は勝田氏のメッセージが多くの人の心をとらえたのは、勝田氏自身の生き方を反映した自分の言葉で覚悟をふまえて語ったからと考えます。勝田氏自身の生き方を示す教師論だからです。

勝田氏の公に発表した、最後の論文となった「『知識人』としての教師の責任」はある意味、勝田教育論・教師論の集大成ともいうべき論文です。教師が労働者か聖職者かという論争が始まりだした頃であり、現在、教師の専門性とよくいわれますが、当時からも教師の専門性という言葉がひとつの概念として様々に語られました。それらに全面的に勝田氏がこたえた教師論です。

第一に勝田氏は「日教組の教師の倫理綱領」の中の「教師はいうまでもなく労働者である」という言葉から教師は教育労働者であり、団結的行動により、自己の諸権利を守り、要求を主張し、そのために教職員組合に結集すると規定します。

第二はその「労働者」であることを否定する動きを分析しました。労働者であることを管理体制論や「特別権力関係論」を持ち出して、教師は専門職だから労働者ではないと主張する動きに対して批判しました。教師が創造性や個性的資質を失い、専門性の名において権力のいいなりになったらそれはロボットと同じです。カントが論じた医学労働者を例に出して論破しました。上からの権威的な「行政的」な命令の形で教師に職務を遂行させようとすれば、専門性ではなく官僚的下請性になりさがる。教師は工場労働者と同じでないが、雇用されて働くのであり、教師は労働者でないのではないということを大事とまとめました。

第三に聖職者という言葉の扱いに対する批判をしました。教師の経済的条件は悪化していること、文部省が管理体制強化の下で校長や教頭を行政的命令で動く職務として締め付けてきた問題点を指摘しました。管理者が教師でなくなってはいけないとしました。教師自身は、教育という仕事で現在の社会の支配体制を直接変えることはできないが、子どもや青年の内側に育てた力が社会の矛盾を克服する社会的な力になると確信しました。このような使命感を勝田氏は聖職者という表現より、知識人としての責任感として表現しました。それは専門性でつながり、一方の生活と権利を守る労働者性ともつながるとしました。そして教師は、子どもに単に「科学の成果」や「文化遺産」を伝達するだけでなく、その伝達によって子どもが社会の未来の可能性とともに生きながら自らその未来を開く力と感情と意思を育てるという仕事を負わされているとしました。専門性とは未来への知的関心という知識人の本質に「子どもの成長」という媒介項を通して教師は参加しているとまとめました。専門職でもあり、知識人の宿命でもあるとしたのです。

そして勝田氏は最後に自らを振り返り、第二次世界大戦の戦争責任に自らを傷つけ思い深める時、「教育の自由」を守るために支配体制の「下士官」になってはいけない、批判的に自らの知的独立を絶対に崩さないことを強調しました。自分にできることの最高と最低をよく考えて行動し、知識人であることを労働者でないと卑下するのは無責任で、組織だけに頼ったり、組織を無視することのどちらも誤りであり、自分の知的探求に責めを負わないものが、「教育の自由」など守れないと厳しく論じました。支配者の逆流の動きに対して、知識人は人々より早く察知する感性の鋭さで、嵐の到来を予め知るある種の鳥のように、しかも徒らに集まり騒ぎ立てず、静かに一人で最高の要求に堪えるのが教師であるとしました。私は勝田氏自身がそのように生きたいという決意を表明して論文をまとめたと考えます。この見地が勝田氏のめざす教師論です。私は勝田氏の知識人という概念は人間発達援助職としての教師にとって、スクールカウンセラーやスクールソーシャルワーカー、子どもに関わるすべての対人援助職との連帯、協同を深めることによって確かな子ども理解の方向につながることと関連していると考えます。

第三節　生活綴方の思想に学び、子どもと共に歩む——教育実践を展開する教師論——

（1）生活綴方の思想に学ぶ

・「子どもの幸福を守る教師たち」（一九五二年）

勝田氏は生活綴方の思想から学び、そこから子どもを理解する基本にしました。勝田氏は恵那に教育調査に入りそこで働く教師たちから学びました。勝田氏が生活綴方の実践から学び、そこから展開した教師論を第三の柱の教師論として考察します。勝田氏は生活綴方について次のように書きました。

1、綴り方を通して、子どもたちの心のひだにまで教師は入り込むことができる（教師の愛情の現実化）。

2、綴り方の訓練を通して、子どもは生活直視のリアリズムの態度をつくり、それによって、自己の感情のゆがみをいやす（自己解放と自己建設）。

3、客観的表現を通して共通の問題を中心に人間的な組織が可能になる。(12)

戦前「皇国教育」の推進者であった恵那の教師は「恵那雑巾」と揶揄されましたが、勝田氏は戦後の歩みについて二つの態度から考えました。戦前の教育に迎合した態度と国民大衆の運命のためになしとげようとした態度です。矛盾した二つの態度に単純に戦前の「皇国教育」に従順であった態度を批判するのでなくもうひとつの人間的側面に注目しました。

恵那郡の教育は、戦時中は、きわめて誠実な「皇国教育」であった。悪夢のような戦時中の教育の中で、二つの態度を大きく区別することができる。一つは、あの教育に迎合した態度とそれを国民大衆の運命のために誠実になしとげようとした態度とである。後者は誠実であった。(13)

勝田氏は戦後、恵那の教師たちにすぐに新教育への熱狂はみられなかったことについて解明しました。具体的には当時の多くの教師たちが戦前の自らの言説に対して何らかの反省もせずに墨塗り教科書をかざして新しい教育に鼓舞する姿に疑問をもちました。戦前は天皇制に反対すれば自らの生存にかかわってくるので当然、戦争賛美の教育の従順な担い手としての教師の姿がありました。恵那の教師たちはその推進者としての役割を担っていました。その上で恵那の教師たちは生活綴方を本格的に学んで新教育の動きに対して戦前の自分たちと同じような立ち位置をとらず慎重に対処しました。この態度に注目したのです。勝田氏は教師は政策側の方針が変われればそれに従順に従うのが当然ではないと判断しました。それは勝田氏自身の戦争責任に対する明確な態度が原点になります。過去の自分の姿を曖昧にすることを許さなかったのです。勝田氏が戦前の恵那の教師のひとつの態度を肯定しているのではありません。勝田氏のいう誠実さとは時の権力や力関係に安易に迎合するのではなく、恵那の教師たちが目の前の子どもを理解すること、子どもの生活を知ることを教師の要とし、出発点とした点です。戦前の反省からの新たな独自に判断した道に注目しました。

（2）人間の自己形成の過程を大事にする

・「変革される教師像」（一九五三年）

勝田氏は教師が成長したり変革したりする時間的経過を丁寧にみつめたことと、その変化は一人でなく集団や仲間との関わりが重要な役割を果たすことを論じました。そして簡単に自己の思想や信念が、周囲の影響で急速に変化することに対して警告を発しました。

恵那の中の一人の教師、林証三氏（以下、林）の自己形成に勝田氏は注目しました。人間の思想形成、思考の変化は時間のかかるものであるということです。私は勝田氏が林の変化を語ることを通して、自らの変化を重ねて語ったと考えます。それは勝田氏自身が戦争責任を明確にして戦後の教育学を構築していく過程と共通していて、自らの思想の変化、自己形成を振り返ります。

日本の教師の歴史をたどってみると、日本の教師ほど「まじめ」な教師は世界にはいません。その「まじめさ」を国の支配者が日本帝国の忠良な臣民、「純真」な子ども作りに利用しました。だから「まじめさ」の文脈は社会環境の中でいろいろな意味があります。その本質的なもの、まじめさなしに「自己改造」できないという前提です。日本の政府や支配者が「順良・信愛・威重の気質」（明治19年師範学校令・第1条）という徳目を押し付け、教師の理想像として、国体の神聖に対する心からの信仰と国策に対する信奉と服従を要求しました。子どもにだけでなく、地域社会の人々に対しても指導者としての権威を要求しました。その理想像の陰に、歪んだ教師論として順良は卑屈で、信愛は意気地なしとなり、威重は面従腹背となりました。その中で勝田氏が注目したのは教師たちが自己形成を強いられながらも「まじめさ」の中に育てあげた人間の問題です。どんな社会のもとでも、教師は子どもとともに生きてきたのですから、子どもと大衆の方を向くところから生まれる「まじめさ」に注目しました。こうした中で林は手記に次のように書きました。

国民学校令では皇国民の基礎的錬成ということが目的とせられ世界性と普遍性ということは否定された。日本の国体の非合理性、特殊性が強調され、真善美の普遍的な理想も皇国のためのものであってこそ意義があり、教育においては抽象的な人間をつくるのではなく特殊な日本の中の日本人の錬成が目的とされた。それでよいのかと考えはしたのだが、そのように批判的に考えること自体が日本的でなくてはいけないのだとされた、教育は国策遂行のための精神的方面の教化の役割を果すことになった。(14)

林はその精神遂行のため一心不乱につとめ、随分、子どもたちを叱ったと手記で振り返ります。この林の振り返りこそが「まじめ」で教師の倫理をつらぬいていると勝田氏は考えます。教師は国の支配権力の要求によって重荷を背負わされたが、この責任が子どもたちや親たちに対して自覚されなかったことを問題としました。勝田氏は林の社会と歴史に目を向け自分の負い目を自覚しました、純粋さとまじめさに注目しました。自己変革とは自分の過去の失敗に対して向き合うことが大切であるとしました。戦争と敗戦によって日本の教育は崩壊します。その中で機敏で下地のあった人は戦後の「進歩的思想」にめざめ、鞍替えしていきます。よくいわれた墨塗り教科書で戦前の自分の態度と全く違った姿勢で何事もなく子どもと接していきます。有無をいわさず体罰で子どもを従わせていた教師が豹変して「民主主義」を唱えるという姿です。こうした動きに勝田氏は批判的でした。勝田氏は林が心の中で葛藤する姿に注目しました。その揺れ動く模索の中から教職員組合の活動に林が求めていく姿にも注目しました。

教師の生活はどん底に襲われ、子どもは破壊と混乱の中におかれました。それを救うのは教師自身の自主的な運動、例えば教職員組合の活動です。戦後の教育の重視した自主性という概念は徹底した自己批判の中からこそ生まれたのであると勝田氏は確信したのです。勝田氏は林の手記が、兵隊として人間として教師としての自己批判が、古い日本への批判と表裏一体となっているとまとめました。筆者は、勝田氏が自分の戦争責任への自己批判の過程と林の思索の経過を重ねたと考えます。そして教職員組合の結成によって、その後の闘争もあわせて、人間性奪回の要求として結実していったと考えました。勝田氏がその後、教職員組合の教育研究活動から学んでいくきっかけは恵那の教師たちとの出会いです。自己変革の過程はその後の社会科学の学習と現場の民主化の実践によって確かなものになりました。恵那の教師たちを「教師だましい」を持った人たちとしてその地道な真剣な職場民主化の努力を評価し、そのことが「民主教育」を単純に上から与えられたものとして受け止めるのを拒否したことにつながったとしました。

新教育はなぜ、恵那の教師たちになじまなかったのか。それは古い日本の教育に対する克服の道として、自分自身の厳しい批判を通過したからなのです。教育は子どもと大衆に対する「責任」を逃れてはならないとしました。勝田守一著作集第三巻の中の論文『変革される教師像』(15)をまとめてみると、勝田氏は自己改造は劣等感からの克服、俗吏や有力者に対して抱き続けた劣等感からの解放、自分の無力を直視し、その無力が孤立からくることを理解し、その認識は社会の改造が、己の人間の改造と相即して行われる。子どもの成長と解放とともに教師自身が学ぶ、大衆の高まりとともに教師自身が自己の内部を変えていくということであり、自己変革の道を決して英雄視してはならないと強調しました。一人ひとりの平凡な人間の自己変革がともなわないで、少数の英雄によって社会変革が行われてもそれはあやういものとしました。私は、人間の思想がじっくりと変わっていく過程、一人の人間の変化の姿を恵那の教師群像の姿、とりわけ林という一人の教師の姿に勝田氏は学んだと考えます。それはまた勝田氏自身の自己変革の過程でもあったのです。情勢が変わったからといって安易に時流に流される教師論を否定しました。林の教師としての生き方は勝田氏自身の教師論とも重なったと考えます。

勝田守一の教師論を現代に活かす視点

現在の学校は「学力テスト体制」やスタンダードの強化で授業実践においても生活指導の面においても自由に自分の考える実践が展開できにくい状態です。「学力テスト体制」や教職員評価の圧力に対する改善の運動を構築するということが前提ですが、人間発達援助職の教師に接近するには政治的な素養、社会科学的に社会の動きを分析することが必要です。個人の精神の持ち方だけで、今日の教職員をとりまく困難な状況を改善できるような事態ではありません。そうした社会的な教育運動に可能な限り参加することは大切です。私の第一節と第二節は、子どもの命を守る、スクールカウンセラーやスクールソーシャルワーカーなどの他の人間発達援助職と共同するという点でどのような立ち位置にいる教師とでも表面的には合意されやすい課題です。しかし、瞬時において子どもの命を守る、お互いの専門性を尊敬しながら学び協力共同することは一定の努力が必要です。自然発生的に成立するものでなく日常の努力の継続が不可欠です。自らの非人間性に対する自覚と他者に対する尊敬の気持ちをもたないと成立することは困難です。第三節で教育的価値を見いだしていく教師論を実践するには一定の工夫がいります。現在の「学力テスト」「PDCA」「スタンダード」という押しつけや縛りの中でその問題点を指摘するだけでは同僚や保護者の支持は得られにくいでしょう。むしろ批判するより管理職の言われるままに従順に従い、自分の私生活に支障のないように振る舞う方が容易です。子どもや父母の抱える様々な問題も「自己責任」で片づけ関わらないという選択もあります。そういう教師が一定数増えています。ただそういう教師を批判するだけでなくそうならざるをえない状況を理解する視点が大切です。

こうした体制、縛り、ある種の「権威的」な圧力にどのように対処すればよいのか、勝田氏は著作・論文の中からいくつか「権威」に対して大切な問題を提起しました。(16) 勝田氏は権威に従順であったり、安易な「権威」に寄りかかってはいけないと警告しました。それは、勝田氏自身が戦前、戦争に対して明確な反対の立場をとらなかった、自らの戦争責任を認め、当時の権力に迎合した自分の姿勢を曖昧にしない立場をとったからです。何回も論文に、権威と「権威主義」についてふれています。(17) そもそも権威主義という言葉の定義ですが「権威者の判断に疑惑を持ったり、権威そのものに反抗することは冒涜であり、罪悪であるとする思考態度」「政治権力支配＝従属関係において、被治者が治者の説得、宣伝によって、あるいは無意識にこのような思考をする場合、そこに権威主義的支配関係が成立する」（中村哲・丸山真男・辻清明編『政治学事典』平凡社、一九五四年）に依拠すると、戦前の場合は絶対主義天皇制であったし、現代は文科省によるPDCA体制による「学力テスト」体制、さらに「教育スタンダード」という名のもとの教育実践に対する圧力です。そのために何をしてもダメだという無力感から権威に迎合してしまう教師の動きも少なくありません。あまり子どもや父母のことで深く考えると自分が苦しくなるので表面的に効率よく仕事をする教師も増えています。

さらには、この現代の巧妙な「権威主義的」支配の中で、先にふれましたが、子どもに寄り添う教育実践を進めようと模索している教師たちの中にも「強い教師像」の呪縛から、安易に「権威的」な力で子どもと向き合おうとする動きも存在します。同時にこういう時代であるから、どんなにベテランで経験豊富な教師でも、若くて体力のある教師でも、学級に複数以上の困難を抱える子どもたちや父母が存在すれば困難な状態になりうるし、精神疾患になる状況もありえます。その中で単なる教師のまじめさだけで個人で対応しても的確な対応はできません。

勝田氏が恵那の教師たちの自己変革の過程を丁寧に論述したように、したたかに生きる、状況をいかに凌ぎながら生きるかが要求されます。それには一人で抱え込まないことであり、勝田氏が教職員組合や民間の研究団体で学ぶことを強調したようなことを、それぞれの教師が追求しなければなりません。職場だけにとどまらないことです。職場の中では「おかしくないだろうか」と語りかける、その対話の中からお互いの思いを交流することです。すぐに反対の意思表示はできなくてもお互いの気持ちの交流はできます。職場の中で不可能な場合はサークルや教職員組合の場で意見交流することが大事です。目の前の成果や効率だけで教育を語るのでなく長い間隔で子どもの成長について考え「教育とは何か」の問いを持ち続ける教師の姿勢が不可欠です。勝田氏が提起したことは、今とは時代が違うので、その教師論が、現代の教師論として機械的に当てはめることはできませんが人間発達援助職の教師論の原則をいくつか提示していると考えます。

【注】（１）この小論は武庫川女子大学大学院修士学位論文「人間発達援助職の教師像の探究」第２章、第3章を大幅に加筆、修正したものである。
（２）『想偲春（私家版）』１９７１年、勝田先生を偲ぶ会（勝田の松本高校時代を回想している）
（３）勝田守一「父親の願い」１９５１年『勝田守一 著作集（第７巻：哲学論稿・随想）』１９７４年、国土社、２６８-２６９頁（以下著作集と記す）

（4）勝田守一「教育の倫理的支柱」1951年『著作集（第2巻：国民教育の課題）』1973年、87-93頁
（5）勝田守一「教育学の古典をどう読むか」1957年『著作集（第7巻）』248-255頁
（6）佐藤広美「教育は子どものしあわせにどう力になれるか」『教育』2018年8月号、62頁
（7）勝田守一「社会科はなぜ生まれたか」1948年『著作集（第1巻）』143頁
（8）勝田守一「研究集会というもの」1967年『著作集（第3巻：教育研究運動と教師）』1972年、196-203頁
（9）勝田守一「『知識人』としての教師の責任」1968年『著作集（第3巻）』510-531頁
（10）勝田守一「研究集会というもの」1967年『著作集（第3巻）』199頁
（11）古在由重『思想のデュエット：古在由重対話集』1975年、新日本出版社、273頁（堀尾輝久は古在との対談で勝田の「研究集会というもの」の論文にふれ教師＝知識人論として述べている）
（12）勝田守一「子どもの幸福をまもる教師たち」1952年『著作集（第3巻）』18頁
（13）勝田守一「子どもの幸福をまもる教師たち」1952年『著作集（第3巻）』8-23頁
（14）勝田守一「『変革される教師像』林証三氏の実践が教えるもの」1953年『著作集（第3巻）』30頁
（15）勝田守一「『変革される教師像』林証三氏の実践が教えるもの」1953年『著作集（第3巻）』24-40頁

（16）勝田守一「権威ということについて：青年にとっての教師の価値」１９５３年『著作集（第３巻）』24‐40頁

（17）勝田守一「権威とやさしさ」１９５７年『著作集（第３巻）』４６２‐４６７頁

【初出】『臨床教育論集12』２０２０年、武庫川臨床教育学会

2 生活綴方を実践する教師の「まじめさ」に関する考察(1)

戦前、ほとんどの教師は「皇国教育」にすすんで貢献しました。恵那の教師も、それに劣らず「皇国教育」に従いました。このように恵那の教師は国家の教育要求に誠実に応じましたが、しかし、同時に、子どもと地域の人びとの方を向くことを忘れず、その教育要求に応える姿勢を持っていました。すなわち、「子どもとともに生きる」という教師としてのまじめさ（＝誠実さ）を身につけていました。勝田守一氏は、恵那の教師のこの「子どもとともに生きる」というまじめさに注目したのです。子どもとともに生きるという「まじめさ」こそが、恵那の教師に皇国教育に従ってしまった自らの生き方を反省させ、きびしい自己批判に向かわせ、教師としての自己変革につながっていった、と勝田氏は考えます。勝田氏は恵那の教師の「まじめさ」に注目し、戦後、生活綴方教師として成長し

ていくその思想的根拠を探り出していきました。
勝田氏は生活綴方教育実践の特徴について次のように書きました。

1、子どもは、表現活動によって生活を直視し、自らの感情のしこりをときほぐすことができる。

2、教師と子どもの間には、たえず、指導と書き直しの作業がくりかえされる。その過程の中で、お互いの共同性をつくりあげることができる。

3、子どもの表現活動は教師への信頼を前提とする。と同時に、その信頼をさらに深めることができる。

（勝田守一「子どもの幸福をまもる教師たち」1952年『著作集（第3巻）』18頁）

勝田氏が恵那の教師たちから学んだ生活綴方の思想です。

教師のまじめさ

勝田氏は恵那の教師たちが戦前、皇国教育に翻弄されたが、その「まじめさ」が戦後の自己批判につながり生活綴方教師の自己変革につながったとしています。戦前の「子ども

「この真面目さがあったからこそ質的に深い「子どもと生きる」姿勢につながっていきます。教師のまじめさが戦前の「負い目」を自覚させます。「この真面目さなしに、自己改造は絶対にあり得ない」そうでなければ「捨てる自己は変革されず、所有されたものが身を離れるだけ」と書きます。過去の「まじめさ」は戦争に加担してしまうが、その「まじめさ」が「負い目」を自覚させ質的に深い自己批判につながり、子ども理解をともなった生活綴方実践に結実していきます。だからこそ戦後の「新教育」に簡単になびくことがなかったのです。もちろん恵那の教師たちが教職員組合の結成や社会科学の学習を重ねたことが「まじめさ」を深く重いものにしていく上で不可欠でした。

ここでふれられている「負い目」と教師のまじめさとは何か。私の教師生活から考えてみると、自分は良かれと思って行動したとしても相手（子ども・保護者）を傷つけたりすることは起こります。私は教師と子どもとの関係でそういう苦い体験を何度もしました。過去の行動は取り返せませんが、そこに自己の行動を俯瞰し、負い目を感じることが相手を理解する一歩になり、次の自分自身の成長、思想形成につながります。それが人の痛みに寄り添い、他者理解を通して自己理解につながっていくのです。教師のもっている「権力性」を自覚し、相手に対する想像力をいかに発揮するかが「負い目」の自覚であり「まじめさ」につながるのです。勝田氏は自らの戦争責任という「負い目」の自覚が恵那の教師の「負い目」に共感し、その深い自己批判を「まじめさ」の原動力とみたのです。ここが何よりの原点です。勝田氏は恵那の教師たちの戦争責任に対する「負い目」を自分の戦争責任と重ねたのです。

勝田氏の言う「まじめさ」とは、「負い目」の自覚と自己批判の深さを問うたと考えます。

現代に活かす視点

佐藤広美氏は、勝田氏の論文から「誠実さ」と「まじめさ」についてこう書いています。

勝田氏は、子ども理解を根底にすえた生活綴方教育に関心を向ける。そこで彼は、綴方教師の「誠実さ」「まじめさ」に注目する。戦前綴方教師が誠実に国民とともに生きようとした精神と努力の存在を見逃してはならないという。（略）教師のまじめさは帝国国民形成に向かったが、一方、別の方向を向いていた。それが「子どもとともに生きる」ことであった。この「誠実さ」こそが、敗戦を契機として、かえって現実を直視する道を開かせ、技術主義に走る新教育に熱狂せず、庶民の生活に根ざした教育ができる拠りどころとなったとする。(2)

勝田氏は戦前の恵那の教師を単純に批判するのでなく、「子どもとともに生きる」という普遍的価値に注目し、そこから恵那の教師の「まじめさ」と「負い目」の自覚から生じた自己批判の姿勢に注目しました。佐藤氏はその勝田氏の着眼点に注目しています。そして「時局の教育」に貢献するという願望は誰にでもありますが、恵那の教師たちは子どもとともに生きる「まじめさ」の重要性と困難性を知っていたのです。しかし、それを貫けなかった「負い目」が戦後の出発点であったのです。戦前の状況はものが言えない状況にありました。そうした中での恵那の教師の思想形成に勝田氏は注目しました。佐藤氏はこうも言っています。

> 子どもとともに生きるという倫理的価値を根底においてこそ、戦前の自らの国家への忠誠を自己批判し、そうして、平和と民主主義という新しい価値を担う自己再生をはたすことができる。これが勝田氏の確信である。

現代の学校においては戦前とは異なりますが、全国学力調査[3]やＰＤＣＡ体制の中で知らず知らずのうちに組織の論理や権力の意図する方向が忍び込みます。その中で、子どもとともに生きるということは戦前とは違った困難があります。その中で「負い目」を自覚するということは、自己を客観化し俯瞰しなければなりません。そうしないと質の深い自己批判は生まれません。

今日の時代の中で、「負い目」を感じながら、子どもの前で謙虚に生きる。子どもとともに生きる教育実践はそう簡単にはできないかもしれません。「まじめ」であるというのは権力に無批判に同調することではありません。戦前のような教師の姿勢ではありません。「2009年型教職観」[4]は肯定しません。また「まじめ」は自分を追いつめたり「自己責任」の呪縛に陥ることではありません。勝田氏が恵那の教師に注目したように、「子どもとともに生きる」という普遍的価値に対する思想を形成することです。その思想とは特定の主義や主張ではない。徹底して子どもの前に謙虚で「負い目」を常に自覚しながら実践する、生活綴方の思想をもってしたたかに生きるということです。

【注】(1) この小論は『臨床教育学論集』十四号「生活綴方を実践する教師の「まじめさ」に関する考察―五人の教師の聞きとりから―」を大幅に修正したものである。

(2) 佐藤広美『戦後教育学と戦争体験：戦後教育思想史研究のために』2021年、大月書店、11-34頁

1996年から2021年までに佐藤が発表した論文集である。戦争という歴史的試練に人間の人間性を根源的に問うこと、これこそが戦後教育思想の根本を問うことだと述べる意欲的な著作である。勝田守一の教育論、教師論、教育運動論について多面的に

記述している。

（３）教育科学研究会編『検証・全国学力調査：悉皆式を止め、抽出式で3年に一度で』２０２１年、学文社

全国学力調査の悉皆式の問題点を現場の教師・保護者からの聞き取りや手記から分析している。そこで、子どもと向き合う教育実践と学校づくりについて提言している。

（４）船寄俊雄・近現代日本教育史研究会『近現代日本教員史研究』２０２１年、風間書房

船寄らは２００９年の日本教師教育学会で門脇厚司、油布佐和子らが提起した「２００９年型教職観」ａ）仕事と私生活を切り離して割り切り、ｂ）教師としての自分の仕事の範囲を限定し、ｃ）管理職の指導のもとで、ｄ）学力向上という学校の組織目標の実現に励む、に否定的で「知の足腰の強い教職観」を提起している。筆者の立場はそれに近い。

【初出】『臨床教育論集14』２０２２年、武庫川臨床教育学会

終わりに

とりとめもない体験談を綴ってきました。私なりのことばでまとめてみると次のような教師論、生き方の指針のようなものになります。

一つめは「舞いあがらず　落ち込まず」ということです。自分の力で子どもや保護者が変わったなどと大それたことを考えず、ともに学ぶなかで自分自身が変わっていくのだ、また、自分の力だけではだめだと落ち込みすぎないということです。俗っぽくいえば人から「よいしょ」してもらうことはしない。自分もやたらに人を「よいしょ」しませんが。そういう立ち位置です。子どもが自転車にのれるようにするための親の立ち位置を田中元教科研委員長が語っておられましたがそういう距離感が大事かなと思っています。

二つめは自分で抱え込まないで「ＳＯＳを出す勇気をもつ」ということです。これは大学の授業で学生さんから教えてもらったことです。まさに私の人生そのものというか、この本のテーマのようなものです。

「人は自分がリスクを背負うことを覚悟してＳＯＳを出せば必ず手を差し伸べてくれる」助けてくれるということです。これは人事の戦いや「学級崩壊」の時に体験したことから学んだことです。

最後の三つめは何事に取り組む時でも最後まであきらめないことです。人を信じる、可能性に期待するということかもしれません。もちろんあきらめなければ何もかもうまくいくということではありませんが最後まであきらめない、あらゆる可能性を追求する、このことが大事なことだと思っています。

過去のいろいろな失敗やつらかったことを消すことはできません。でもその一つ一つが今の自分のエネルギーになっているし、次の未来に向かっていくことにつながるのではないでしょうか。

「自分は教師に向いていたのか」。今でも思い続けています。あの時、「子どもたちに語った言葉や行動が申しわけなかったなあ」と振り返ることがたくさんあります。人生を精一杯生きておられる保護者の方に生意気なことを語っていたなあと思うこともたくさんあります。その過去は消すことができませんが、その経験を通して「教師になってよかった」、不十分な自分を人間として成長させてもらったと思っています。

子どもたちの成長に保護者とともに同時代に生きる、人生の一時期の同伴者として携わることができる、その魅力が教師の仕事なのかもしれません（サークルの井上さんから教えてもらった言葉です）。

いつのまにか古稀になりました。年齢の変化は、年を重ねること、体力の衰えは否定できません。でも年を重ねることによって見えてきたもの、わかってきたことも増えてきましたし、新たにやってみたいということも増えてきました。

あせらずに、ゆっくりと自分らしく前を向いて進んでいきたいと思います。


小さい時からいつも「要領よく行動ができるように」と通知表に書かれていました。そのたびに両親や祖母は「要領よくなんて大きくなったらできる。小さい時から要領よく生きようとするな」と励まし？てくれました。そのことを大切にして要領よくは生きてこなかったと思います。小学校の教師になると両親と祖母は、

「お前が学校の先生とはなあ」と笑っていました。

つたない、えらそうな、とりとめのない話ばかりですみません。これからもぼちぼちと与えられた場所で自分らしく歩んでいきたいと思います。


本書をまとめるきっかけは関西教科研の集会で石本日和子さん（教育科学研究会副委員長）が私の拙い歩みの発表を企画していただいたことがきっかけです。その学習会に東京から参加して下さった山﨑隆夫さん（教育科学研究会常任委員）から出版を後押ししても

らいました。本書の推薦文を書いて下さいました。感謝です。

清風堂書店の長谷川桃子さんからは出版に際し丁寧な助言や励ましを常にいただきました。素敵な表紙をデザインして下さった根本眞一さん、ありがとうございました。

そして「教師に向いていない」私をたえず支えてくれた家族と何よりも私を成長させて下さった多くの子どもたち、保護者、同僚のみなさまに感謝申しあげます。

二〇二四年七月十五日　元気なセミの声を聞きながら

吉益　敏文

著者略歴

吉益　敏文（よします　としふみ）

1952年　京都市に生まれる。
1975年　同志社大学卒業。
2007年　大阪教育大学大学院実践教育学修士課程修了
2015年　武庫川女子大学大学院臨床教育学修士課程修了
大学卒業後　大阪高槻市などで4年間臨時講師をへて京都府乙訓郡で小学校教師（34年間勤務）四天王寺大学、帝塚山学院大学、東大阪大学の非常勤講師を経て、現在豊岡短期大学教員。教育科学研究会全国委員。
京都教育科学研究会事務局長、武庫川臨床教育学会事務局長、日本臨床教育学会理事。

著書
『子ども、親、教師すてきなハーモニー』かもがわ出版（1995年）
『三年生の一学期』（共著）福教社出版（1993年）
『学級崩壊：荒れる子どもは何を求めているのか』（共著）高文研（2011年）
『教育実践と教師その困難と希望』（共著）かもがわ出版（2013年）
『検証・全国学力調査：悉皆式を止め、抽出式で3年に一度で』（共著）学文社（2021年）

カバー・表紙・扉デザイン／クリエイティブ・コンセプト　根本眞一

SOSを出しつづけて——私の体験的教師論

2024年9月13日　発行　初版　第1刷発行

著　者　吉　益　敏　文
発行者　面　屋　　　洋
発行所　清　風　堂　書　店
〒530-0057　大阪市北区曽根崎 2-11-16
TEL　06（6313）1390
FAX　06（6314）1600
振　替　00920-6-119910

制作編集担当　長谷川桃子

印刷・製本／尼崎印刷株式会社
ISBN 978-4-86709-037-4　C0037
JASRAC 出 2405828-401